高等职业教育新形态一体化教材

锡职业技术学院校园文化读本

匠心逐梦

朱爱胜　承剑芬　等　编著

高等教育出版社·北京

内容提要

　　文化育人，是技术技能型人才培养体系中不可或缺的要素，也是提升职业院校师生专业精神和职业技能的基础工程。本书通过对无锡职业技术学院从无锡农业机械制造学校、江苏省无锡机械制造学校到无锡职业技术学院的历史沿革及艰苦奋斗、创新发展60余年的办学历程的梳理，全面总结了学校60余年来的办学思想和精神、文化育人理念和追求、文化生态营造和育人体系构建，以及面向未来建设"中国特色高水平高职学校"和"智能制造特色校"的发展宏图和文化构想，展示了学校在专业建设、课程改革、人才培养、校企合作以及国际化办学方面的办学智慧、办学实践与办学成果。期望本书能为无锡职院新生了解学校文化打开一扇窗。

无锡职业技术学院
官网主页

根植机电，沐浴吴风。

守一种精神，铸一片匠心。

寄语新生

亲爱的同学,当你打开这本书的时候,一个全新的世界便开始呈现在你面前。

这里是无锡职业技术学院(简称"无锡职院"),首先欢迎你成为这个大家庭的一员,从此,你的人生将展开一个新的多姿多彩的篇章——职院生活。

进入一所全新的学校,融入一个全新的环境,想必你在兴奋之余,更充满着对大学生活的无限憧憬:我所在的学校究竟有怎样的前世今生?我所学的专业究竟有什么样的发展前景?我会遇到怎样的专业老师?我又会遇到怎样的学长和同窗?我在校园里能获得怎样的能力和修炼?毕业时的我能够为这个时代贡献怎样的技术和智慧?等等。相信这一系列的问题,已经萦绕在你的脑海里。那么请打开这本书,我们和你一起寻找答案。

不过,在进入校园之前,我们先打量一下这个时代的面孔。

当前,中国综合实力不断增强,中华民族正走在伟大复兴之路上。我国的高等职业教育也因此进入一个新的战略机遇期。国家高度重视职业教育,把职业教育摆在了前所未有的突出位置。2019年初颁发的《国家职业教育改革实施方案》明确指出:"职业教育与普通教育是两种不同类型的教育,具有同等重要地位。"习近平总书记多次强调,要加快培养大批高素质劳动者和技术技能人才,要在全社会大力弘扬精益求精的工匠精神,激励广大青年走技能成才、技能报国之路。李克强总理也指出,技能型人才是国家的宝贵资源,是促进产业升级、推动高质量发展的重要支撑。推动国家高质量发展,壮大实体经济,建设制造强国,需要大批掌握精湛技能和高超技艺的高技能人才队伍。2019年开始,"中国特色高水平高职学校和专业建设计划"(简称"双高计划")进入实施阶段,职业教育前景广阔,大有可为。

当然,我们也面临前所未有的挑战。随着"中国制造"从"低端制造"逐渐向"优质制造、精品制造、高端制造"转型升级,社会对技术技能型人才的要求也越来越高。一个优秀的技术技能型人才不仅需要掌握精湛技能和高超技艺,还要拥有较为厚实的基础知识、良好的文化修养、宽广的国际视野和兼济天下的情怀与担当,"有理想、有本领、有担当"是这个时代对知识型、技术型、创新型高素质高端技术技能型人才的热切期盼。所以进入大学的你,不是可以松口气了，而是担当的责任更重了！

接下来我们聊聊大学生活。

大学是你实现梦想的起点，是你确立人生观的地方，是你最青春最自由的时光。而这本学校文化读本，是你品尝专业教育营养大餐前的文化开胃菜。从这个文化读本里，你可以了解无锡职院 60 余年的风雨沧桑，了解是什么样的办学理念和大学精神使无锡职院始终走在全国高职教育的前列，成为国家示范性高职院校和"双高计划"建设校；你可以了解到你的师长、学长在这里秉承"严谨治学、崇尚实践"的校训，艰苦奋斗、匠心独运、勇于创新的风采；你还可以在他们的故事里领悟学好专业、强化技能、提升素质的方法和秘籍。

亲爱的同学，一个人在大学里接受的文化熏陶将成为他一生的精神烙印，影响着他的人生方向和生命品质。从今天开始，无锡职院就是你们共同学习、生活、成长的家园。在这里，你们有机会聆听名家大师、"大国工匠"的教诲，感受他们的风采和独门绝技；可以与学校不同学科的老师们坦诚交流，感受他们严谨治学的精神和学术见解；可以与来自五湖四海、具有相同兴趣爱好的同学们自由切磋，感受青春最美丽的智慧激发。你可以在蠡湖之滨晨读，在长广溪畔漫步，在藏书浩瀚的图书馆里浏览、思考，在集聚前沿技术的实验实训室里探索未知、增智强能；你可以参加科技协会、机器人研究小组、技术技能大赛、创新创业大赛等创新组织与活动，和同学们一起攻克难关，勇夺桂冠；你可以参加辩论队、青年马克思主义研究会、志愿者俱乐部，与队友们一起舌战群雄、超越自我；你还可以在大学生艺术团、运动场上陶冶情操、强健体魄、一展才华。

"越努力，越幸运。"相信每一位同学能够在职院大家庭里，通过自己的努力，发现一片属于自己的天地。在这片崭新的天地里，你们锤炼匠心，追逐梦想；在诗画兼具的职院校园里，你们修业和养心，为实现自己的美好未来准备最亮丽的底色！

校党委书记
朱爱胜

二〇二〇年五月

目 录

5 文化名师

6 杰出校友

7 文化符号

8 筑梦担当

1 文化溯源

文化土壤

一所大学的文化总是植根于特定的时代与地域生态中的。梳理无锡职业技术学院的发展历程和文化特色，就不能脱离滋养其发展的无锡大地和底蕴深厚的吴文化，也不能脱离它所诞生和发展的那个时代。

无锡职业技术学院坐落于风光秀美、人杰地灵的太湖之滨——江苏省无锡市。无锡，简称"锡"，古称新吴、梁溪、金匮，位于江苏南部。她北倚长江，南抱太湖，更有京杭大运河穿城而过，与上海、南京、常州、苏州、杭州等城市距离近则四五十公里，远则二百多公里，是苏锡常都市圈、长江三角洲城市群、长江经济带的重要城市。

无锡历史悠久，人文荟萃，经济发达，素有"小上海""太湖明珠"的美誉。"太湖佳绝处，运河绝版地，千年古吴都，百年工商城"，是对无锡自然风光、悠久历史和文化特色的经典概括。据考古发现，无锡有 7 000 多年的人类生活史、3 000 多年的文字记载史和 2 500 多年的建城史。《史记·吴太伯世家》记载，周太王有三个儿子，长子泰伯（又称"太伯"，古"泰"通"太"），老二仲雍，三子季历。季历十分贤能，又有一个具有圣德的儿子姬昌，太王想立季历以便传位给昌，但这有违"传长不传幼"之礼。太伯、仲雍得知后，为成全父亲心愿，二人从陕西去往荆蛮之地江南，定居梅里（今无锡梅村），融于当地习俗，断发文身，发展农耕，立国"勾吴"，由此开创了江南地区、无锡地区文字记载的历史（图 1-1-1）。

"泰伯奔吴"也使中原文化与江南文化实现了融合，无锡由此成为吴文化的主要发源地。在漫长的历史演进中，无锡在继承吴地文化传统的基础上，不断兼收并蓄周文化、楚越文化、齐鲁文化，形成了最初的具有地域特色的吴文化。公元前六世纪，吴地先民在学习中原商王朝青铜文化的基础上掌握了出色的青铜冶炼与造剑技术，"干将""莫邪"的宝剑神话、以"鱼肠剑"刺杀吴王僚的专诸、自残一臂刺杀僚之长子庆忌的要离的豪侠传奇（图 1-1-2、图 1-1-3），无不证明当时的吴地人民所掌握的这种铸剑技术已大大领先于世界。

1. 图 1-1-1
位于无锡梅村的泰伯像

后世将这种百炼成剑的铸剑精神比喻为一种追求卓越的创造精神、精益求精的工匠精神，代表严谨、坚持、专注、专业和敬业，只为建造出最优质的产品。

无锡是近代民族工商业的发祥地。无锡的工商望族群体，从荣氏到薛氏、唐氏、杨氏等，奉行"工商皆本，经世致用"的核心理念，致力于兴工重商、实业报国，使无锡在 20 世纪二三十年代产业工人数、GDP、税收等指标远超其他同类城市，跃居全国前五位，从一个名不见经传的小县崛起为现代工商业名城。更难能可贵的是，致富后的实业家们都没有独享荣华富贵，而是积极回报社会、造福桑梓，不仅致力于文化教育事业的开发，还热心于社会公益事业和城市建设，修路架桥，开发园林，办学建馆，为无锡城市建设、教育、文化、旅游、慈善事业做出很大贡献。

改革开放后，无锡率先兴起乡镇工业，经济快速发展，成为先进制造业发展高地和上市企业的集聚之地，创造了振兴乡镇企业的"苏南模式"和"四千四万"的创业精神。正是因为始终坚持敢为人先、超越自我的创新精神，摆脱狭隘的视域和地域羁绊，不断谱写新的华章，无锡凝练出新时代"四尊四创"风尚以及"尚德务实、和谐奋进"城市精神。这些精神和风尚为无锡现代化进程提供了强大的精神动力，也为无锡职院的发展储备了丰厚的文化养分。

无锡更是一个"崇文重教"、人文荟萃之城。三千年前"泰伯奔吴"来无锡开辟教化，可以说无锡的教育在古代已取得了极大的成就。始建于北宋时的"东林书院"，不仅有自成一家的学术思想，在讲学之余还评议朝政、裁量人物，以"风声雨声读书声声声入耳，家事国事天下事事事关心"的家国情怀提倡"读书不忘救国"，把学术与政治相结合，开全国书院之先河。现代无锡拥有"教授之乡""科学家摇篮"等美称，涌现出"国学大师"钱钟书，书画家徐悲鸿、吴冠中，经济学家孙冶方、薛暮桥，"当代毕昇"王选等一大批文学家、艺术家、经济学家、外交家、科学家。

无锡的职业教育尤为发达。随着近代民族工商业的兴起，一大批具有远见卓识的无锡先贤提出了"教育因实业兴，实业以教育昌"的明确主张，无锡也因此成为全国最早重视并积极发展职业教育的城市之一。煤铁大王周舜卿于1903 年创办了廷弼商业学堂，成为无锡兴办职业教育第一人。陶达三 1905 年

筹建了无锡第一家工业学校，主张学以致用，提出"生计教育当注重工部"的观点（图1-1-4）。1919年荣宗敬、荣德生兄弟（图1-1-5）创办的公益工商学校成为设备最新最齐全的私立学校，培养了一批有作为的高级技术管理员和国家栋梁，如荣毅仁、孙冶方、钱伟长等（图1-1-6）。1930年成立的江苏省立教育学院，以"明礼仪，务实践"为院训，实施开门办学，招收城市中的工人和农村中的农民及妇女、失业青年，并提出"办农民夜校、妇女识字班要针对农民的特点、生活习性、心理状态以及原有的文化程度……每次教学的内容不宜太多、太深，特别要注意学以致用……教室内的气氛不宜拘束，农民是自由行动惯的，不可能一下子要求他们像正规学校的学生那样，只能慢慢引导，适时进行教育"（省立教育学院的老校友胡风云的《下乡日记》）。之后，无锡的职业学校及养成所、训练场如雨后春笋涌现，至抗战前夕，已大大超过了普通中学的规模。他们拥有实习工厂、

1. 图1-1-4
   煤铁大王周
   舜卿（上左）
   及其建造的
   工厂（上右）、
   周新镇老街
   （下）
2. 图1-1-5
   棉纱大王、
   面粉大王荣
   氏家族荣宗
   敬（左）、荣
   德生（右）

车间,使"工""学"结合的办学模式日臻完善。而"务实践""学以致用"
的优良办学传统也因此传承了下来,成为现代职业教育的宝贵精神财富。

沐浴着吴风蠡雨,无锡职业技术学院已整整走过了60多个春夏秋冬。60
多年来,学校坚持以德为先、文化育人,始终将服务于区域经济,服务于国家
需要作为办学的根本宗旨,其中蕴含的"经世致用,实业报国"思想清晰可见。

1.2 历史沿革

从诞生之初的无锡农业机械制造学校(以下简称"农机校")到江苏省无
锡机械制造学校,再到今天的无锡职业技术学院,时代的发展在这棵枝繁叶茂
的职教大树上留下了一圈圈清晰的年轮(图1-2-1)。

透过年轮,可以上溯千百年吴文化尚德务实的精神传统;

顺着年轮,可以看清一甲子无锡职院工匠精神的薪火传承;

延展年轮,可以期待新时代民族匠心的气韵飞扬……

1959年筚路蓝缕,创业维艰。一批部队转业军官和来自各地高校的青年
才俊,肩负着振兴中国农业机械化的历史重任,开始了农机校艰苦创业的征程。

1979年百废待兴,初心不改。学校在改革开放的春风中励精图治,两次
获评国家重点中专校。1994年率先成为全国试办五年制高等职业技术教育的
10所中专校之一。

1999年升格高职,意气风发。学校以新校区建设为契机,全面加强内涵建设,

2019

入选国家"双高计划"
A 档学校

2018

入选江苏省卓
越高职院校

2012

开展
高职本科层次办学

2006

入选
首批国家示范性高职院校

1999

独立升格，更名为
无锡职业技术学院

1994

举办五年制
高职教育

1979

更名，江苏省无锡
机械制造学校

1959

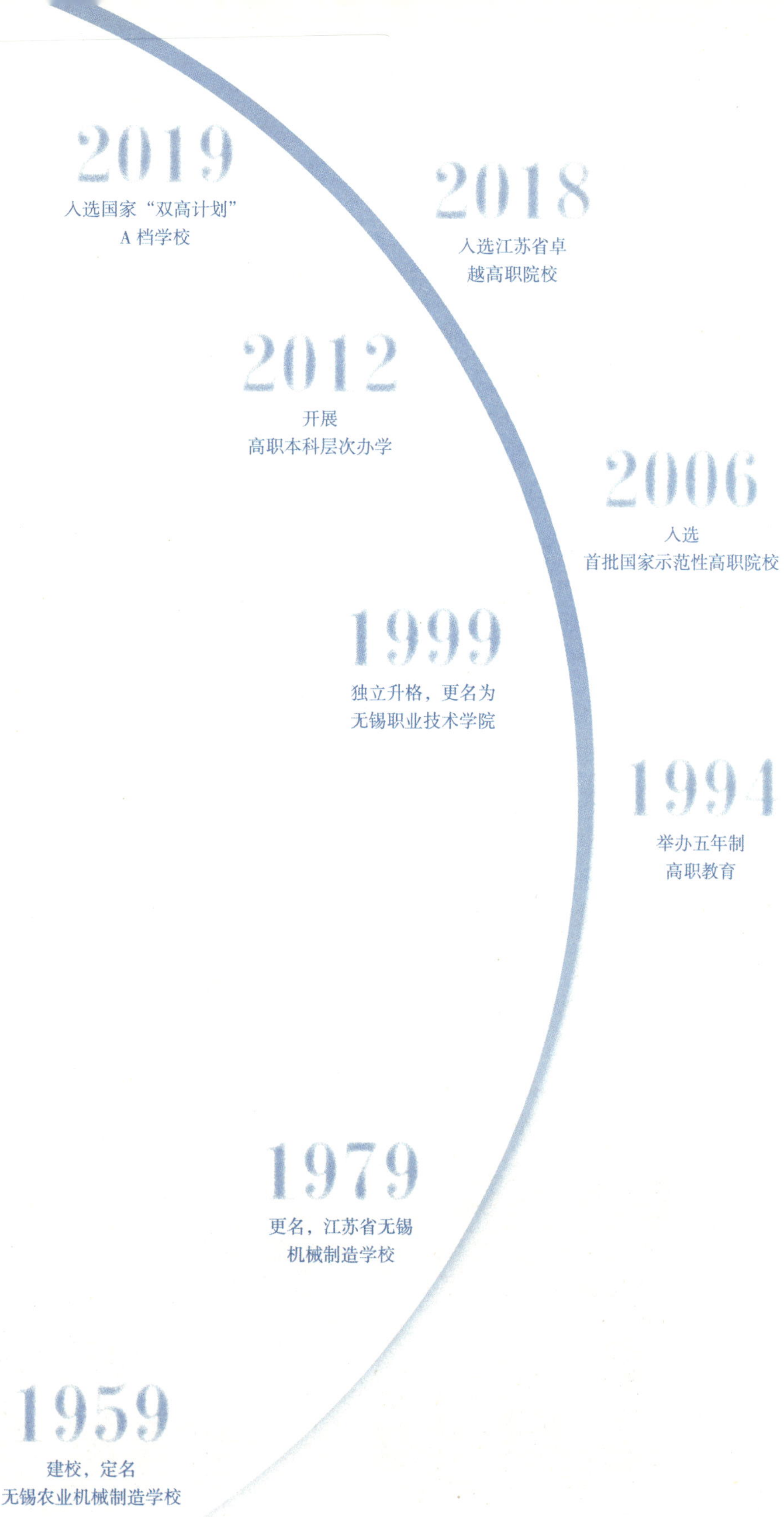

1. 图 1-2-1
学校历史
沿革

建校，定名
无锡农业机械制造学校

课程改革、专业建设、产学合作、人才培养模式改革硕果累累，拥有国家和省级重点专业近 20 个，机电类专业成为全国"单打冠军"。

2006 年，学校成功入选首批"国家示范性高等职业院校建设单位"。

2012 年，学校被列为江苏省高职与普通本科联合培养项目试点单位，江苏大学无锡机电学院本科项目落地生根。

2018 年，学校成功入选江苏省卓越高等职业院校建设单位。

2019 年，学校入选"中国特色高水平高职学校和专业建设计划"首批建设单位第一类"高水平学校建设单位"A 档行列。

60 年风雨兼程，匠心独运，琢璞成玉，桃李芬芳……

1.2.1 筚路蓝缕创基业（1959—1978）

1959 年，为响应党中央提出的以农业为基础、以工业为主导的国民经济发展总方针，学校的前身无锡农业机械制造学校应运而生（图 1-2-2、图 1-2-3），直属原农业机械部。1960 年起开始建校。当时正值我国"三年经济困难期"，粮食物资严重匮乏，学校基建工作极为艰苦，建设者们千方百计克服困难，以"一厘钱"精神勤俭节约、精打细算，在用好一分一厘的前提下始终严格保证基建质量，对每一道建设工序和环节一丝不苟，全程监控。经过 3 年多的努力，总投资 234 万元，建筑面积 21 515 平方米的基础设施初步建成。至 1966 年，学校实现了"初步建成、初具规模、初有成绩、初创声誉"的目标。

值得一提的是，在设计教学大楼顶层时，建设者们考虑到中专学生的心理发展和活泼好动的性格特征，也为了"精打细算、以最少面积房屋发挥最大效用"，将原来设计的"工字型"改成了"一字型"（图 1-2-4）。历经 60 年风雨，这座五层教学楼内部几次修缮，过去的木窗木门铁栅栏，如今换上了采光和通风良好的塑钢门窗，教室和楼梯过道的水泥地面重新铺上了地砖，虽然增加了承重，却岿然挺立。大楼前的参天松树，凝结了自然与岁月精华，显得越发苍翠，成为一届届老校友们回校留影的地方，也成为他们青春的记忆、精神的家园。

1. 图 1-2-2 1959年下半年，无锡农业机械制造学校筹备处在原青祁村蠡园祠堂成立
2. 图 1-2-3 无锡农业机械制造学校大门

① 无锡市陶行知研究会, 无锡市教育学会. 无锡职业教育史[M]. 南京: 凤凰出版传媒集团, 2011: 72-73.

为了早出人才, 学校一边进行基建, 一边开始招生。1960 年 7 月, 农业机械部下发招生计划 (图 1-2-5), 计划招生 300 人, 实际招收 296 人, 招生对象为初中毕业生, 学制四年, 开设了农业机械、内燃机制造两个专业共 6 个班级。

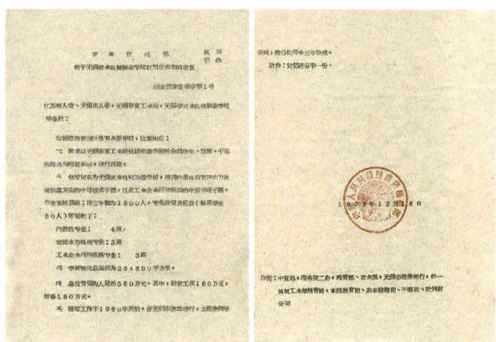

9 月 1 日新生开学时, 有教工 81 人 (图 1-2-6)。教职工主要由两部分人组成: 一部分来自部队的转业干部和复员军人, 另一部分来自各地高校的大学生。学校的行政管理主要由部队出身的干部负责, 教育教学由高校毕业生负责。

由于第一批师生员工到校时学校校舍、课桌椅、宿舍、食堂等都还没有建好, 开学典礼在一片工地上举行 (图 1-2-7)。"学生入学时校园内的教学大楼尚未完工, 一边是隆隆的起重机声, 一边是教师的讲课声。师生曾住在无锡市商业剧场、蠡园祠堂、中桥水产仓库等地, 办公室、师生食堂也都借用陆巷农民用房, 他们以河水洗脸, 草帘当床, 当时创业领导者大多为部队转业军官, 他们把部队的优良传统和作风带到了学校, 实行半军事化管理, 不管寒冬还是酷暑, 都要求学生准时起床, 集体做操, 以班级为单位排队进入餐厅就餐。师生边教学, 边参加建校劳动。"① 课余时间还一起参加劳动, 获取一毛钱一天的报酬贴补生活 (图 1-2-8 ~ 图 1-2-10)。

1. 图 1-2-4
   1961 年, 学校最早的"一字型"五层教学楼竣工, 成为当时无锡最高的建筑
2. 图 1-2-5
   1959 年, 农业机械部关于无锡农业机械制造学校计划任务书的批复及计划任务书
3. 图 1-2-6
   1960 级新生报到入学图
4. 图 1-2-7
   1960 级新生在校舍工地上举行开学典礼

作为第一批进校的老教师，后来担任教学副校长的谈兴华说起初创阶段的情景还历历在目：

吃的方面。草棚作食堂，就在现在汽修厂的那个位置。下雨的时候檐头水一直滴，买了饭菜以后，不能在里面吃（水会滴到碗里）。后来搞了一个砖木结构的食堂，学生的饭蒸好了只能先放在地上，风一吹，沙子都进去了。

住的方面。教师开始是住在农民家里的，用河水洗脸刷牙；学生们分别住在一个咸鱼仓库和商业剧场的舞台上，甚至有些学生睡在观众席的凳子上面。

教学方面。开始是在农民家里，有大一点的厅堂做教室，我在那里上过课；有的在树荫下面上课。现在的汽修厂西面一点，当时有条小河，边上弄了个简易棚，做铸工车间。

学生方面。那时候招的是初中生，大多数是农村的，城里的也是经济条件比较差一点的，但他们的成绩都很好，至少是一中（现在的无锡市重点高中）水平下一点点，很朴实、很能吃苦。

如此艰难的环境下，学校如何在首届毕业生走向社会时便获得企业青睐、取得显著的成绩？靠的是艰苦奋斗，爱岗敬业的精神。

爱岗敬业、服从需要是当年那一代大学生的自觉行为。20世纪50年代，全国上下建设社会主义的热潮轰轰烈烈，一批志在四方的热血青年，从清华大学、华东师范大学、华中理工大学、东南大学、北京钢铁学院等名牌高校来校任教，他们年轻而富有朝气，不仅"眼眶子比较宽"，而且在工作中敬业、严谨。这些无牵无挂的年轻人，带着各自毕业学校的校风浸染出的脾性，住在教学大楼五楼东头的大教室里，在共同生活和工作中磨合出一种新的、带着无锡农机校烙印的风貌。他们勤恳工作、潜心教学，成功地铺就了无锡职院的文化底色，铸就了无锡职院艰苦奋斗的创业精神，为新中国农机行业培养了一批批"掌握农业机械制造基本技术和操作能力的工艺技术员"。

1962年5月，因当时国民经济严重困难，粮食物资匮乏，学校暂停招生一年，原60级、61级在校生中有109名学生被下放回原籍，部分教师也下放农村，剩余学生分铸造和内燃机专业重新编班。1964年7月，学校首届毕业生144人顺利毕业，在老校区大食堂里举行了隆重的毕业典礼（图1-2-11、图1-2-12）。

1. 图1-2-8
师生在做材料力学拉伸实验
2. 图1-2-9
1960级内燃机专业的学生在做毕业设计
3. 图1-2-10
1960年代，师生为绿化美化惠山，背土上山植树

他们大多被分配到农业机械部下属的各大企业，其中上海柴油机厂和洛阳拖拉机厂居多。"分配去上海柴油机厂的学生，因为肯干、能干，一下子受到单位的好评，学校也因此获得农机部青睐，成为重点扶植对象。"老校长谈兴

华回忆道。几十年后，内燃机专业的黄本义成为上海内燃机研究所柴油机气道设计专家，承唯一担任了汽车发动机主任设计师，倪伯兴被领导当成"即使给两个大学生都不换"的技术能手。

　　"文革"十年，学校发展受到严重冲击，但广大师生不辱职教使命，发扬艰苦创业精神，在生产劳动的同时，结合学员的实际情况，通过典型产品进行教学，制造出了Y38滚齿机、动力头、龙门刨、C6136、C630等机床与设备（图1-2-13、图1-2-14）。

　　1977年，国家恢复高考制度，学校招生纳入江苏省高考及中考招生计划，面向全省招生。

1.2.2 励精图治展新颜
（1979—1998）

　　1979 年，学校更名为江苏省无锡机械制造学校（图 1-2-15、图 1-2-16），直属原江苏省机械工业局（后改名为江苏省机械厅）。改革开放后国家迫切需求技术技能人才，学校进入快速发展时期。1989 年，学校被确定为引进联邦德国"双元制"职业技术教育模式试点学校（图 1-2-17）。1991 年，无锡市机械职工联合大学并入。从 1979 年至 1999 年的 20 年间，以老校长赵克松、韩亚平、谈兴华为代表的"三驾马车"，凭着对职业教育的执着追求与不懈努力，带领全体教职员工艰苦奋斗，开拓进取，挖掘潜力，培育人才，在规范教学管理、培育师资队伍、改善办学条件、加强实训教学环节（图 1-2-18、图 1-2-19）、探索"双元制"人才培养模式、提高办学水平和办学效益等方面都取得了长足发展。1980 年及 1994 年，学校两次获评国家级重点中专学校。1994 年，学校被国家教委确定为全国 10 所试办五年制高职的学校之一（图 1-2-20、图 1-2-21）。

1. 图 1-2-15
   江苏省无锡机械制造学校
2. 图 1-2-16
   1990 年 10 月 3 日，校前区改建完工，新校门开始使用。11 日，学校在新校门举行挂牌仪式
3. 图 1-2-17
   第一届"双元制"培训班开学典礼
4. 图 1-2-18
   1984 年 8 月，学校附属工厂改名为江苏省无锡振华机器厂。图为师生在振华机器厂进行实际操作的场景
5. 图 1-2-19
   1998 年 9 月 16 日，学校工业中心落成并投入使用

1.2.3 内涵升级著华章（1999—2019）

1999 年 7 月，经教育部批准，学校独立升格为高等职业院校，更名为无锡职业技术学院，隶属江苏省教育厅。学校在无锡市人民大会堂隆重举行了建院揭牌庆典大会（图 1-2-22、图 1-2-23）。

学校升格后，办学规模也随之扩大，原先的校舍、教室、宿舍都不再能满足需求。2002 年 8 月，学校投资建设了占地面积 800 亩的太湖新校区。2003 年 10 月，第一批 2 600 多名职院师生顺利搬进新校区，成为首个入驻无锡大学城的高校（图 1-2-24、图 1-2-25）。

在谋划新校区硬件建设的同时，学校领导班子提出了"增强高职意识，构建高职框架，建立高职机制"的建设思路，加强内涵建设，凝心聚力开展教学改革、科研攻关、校企合作、国际化办学的探索与实践。2006 年，学校以"5 个部省以上试点和特色专业在省内高职院校名列第一""省内第一门国家级高职精品课程""14 部'十一五'国家高职规划教材省内第一""唯一连续 5 年参加 CCTV 全国大学生机器人大赛的高职高专院校代表队"等九

1. 图 1-2-20
1999 年，学校首届五年制高职试点班数控9411班毕业留影
2. 图 1-2-21
1999 年，学校首届五年制高职试点班数控9412班毕业留影
3. 图 1-2-22
升格后修建的中桥校区学校大门。2019 年，太湖校区北门改建时，整体仿建了中桥校门式样作为文化传承性纪念
4. 图 1-2-23
1999 年 9 月 19 日，学校在无锡市人民大会堂隆重举行建院揭牌庆典大会
5. 图 1-2-24
2002 年 8 月 8 日，学校举行新校区奠基仪式
6. 图 1-2-25
2003 年 10 月，第一批 2 600 多名师生顺利搬进新校区

1. 图1-2-26
2012年6月，
高职本科办
学项目启动
2. 图1-2-27
2014年10月，
学校举行首
批留学生开
学典礼
3. 图1-2-28
2016年6月，
学校首届高
职本科生毕
业典礼暨学
位授予仪式
留影

个"一"的办学成就赢得了教育部高职高专院校人才培养工作水平评估专家组的高度肯定，评估获得"优秀"等级，为入选国家示范性高等职业院校奠定了扎实基础。

2006年12月，学校成为首批28所国家示范性高职院校立项建设单位之一。2012年，经省教育厅批准，学校开始与江苏大学联合培养四年制高职本科教育试点，2016年6月，学校首届高职本科生顺利毕业，毕业生的就业质量、考研通过率等各项指标均呈现喜人局面（图1-2-26）。2014年，学校成立国际教育学院，开始招收外国留学生（图1-2-27、图1-2-28）。2018年，先后入选江苏省高水平高职院校、江苏省卓越高职院校。2019年，在迎来建校60周年之际（图1-2-29、图1-2-30），学校被教育部认定为国家优质高职院校，入选中国特色高水平高职学校建设单位（A档），进入"双高计划"第一方阵（图1-2-31），学校在高职高专院校竞争力排行榜位列全国第四，开辟了学校发展的新纪元。

1. 图1-2-29
   原太湖校园
   大门（上）
   2019年建校
   60周年修建
   的学校新大
   门（下）
2. 图1-2-30
   2019年10月
   18日建校60
   周年庆祝大
   会在学校大
   操场隆重举
   行，江苏省
   教育厅副厅
   长曹玉梅致
   贺词并讲话
3. 图1-2-31
   学校正式启
   动"中国特
   色高水平高
   职学校建设"
   启动大会

办学资源

经过 60 年的建设和发展，学校的办学资源不断优化。学校现有中桥、太湖两个校区，占地 850 多亩，建筑面积 36.87 万平方米；资产总额 11 亿元，其中教学科研仪器设备总值达 2.28 亿元，图书馆藏书 130 万册。目前设有机械技术学院、控制技术学院、物联网技术学院、汽车与交通学院、管理学院、财经学院、外语与旅游学院、艺术与设计学院、基础课教学部、马克思主义学院、体育部、国际教育学院、爱尔兰学院 13 个教学单位，全日制本专科生和留学生 13 800 多名，教职工 800 余人。

学校致力于打造高水平的"双师"结构专业教学团队，专任教师中有教授 50 余名，博士 100 多人。其中，国家级教学名师 2 人、省级教学名师 4 人，享受国务院政府特殊津贴专家 1 人，国家级教学团队 4 个，江苏省"青蓝工程"科技创新团队 6 个，聘有杨叔子院士、姚建铨院士等高层次专家学者和顾秋亮、黄成等大国工匠、技能大师为兼职教授，有 30 多名外籍教师常年在校任教。目前开设与装备制造业和新兴产业相适应的专业 48 个，其中本科专业 6 个。

学校注重应用型人才实践能力的培养，在校内建成了"多功能、开放式、共享型"实践教学基地。目前建有 2 个国家级实训基地（图 1-3-1）、5 个省级实训基地、2 个省高职教育产教深度融合实训平台项目（图 1-3-2）、4 个基础实验中心（图 1-3-3）、8 个专业大类实训中心（图 1-3-4），还设有"国家职业技能鉴定所""江苏省机械职业技术教育中心"等，开设了 63 个工种的职业技能培训鉴定，学生学历证书和职业技能证书获取率达到 95% 以上。学校先后建设了"数控技术"与"物

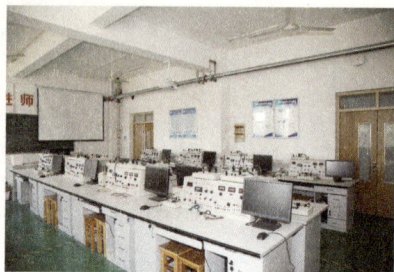

1. 图 1-3-1 集研发、生产、教学于一体，基于工业物联网技术的"智能制造工程中心"
2. 图 1-3-2 学校机械逆向技术中心
3. 图 1-3-3 学校物理实验中心

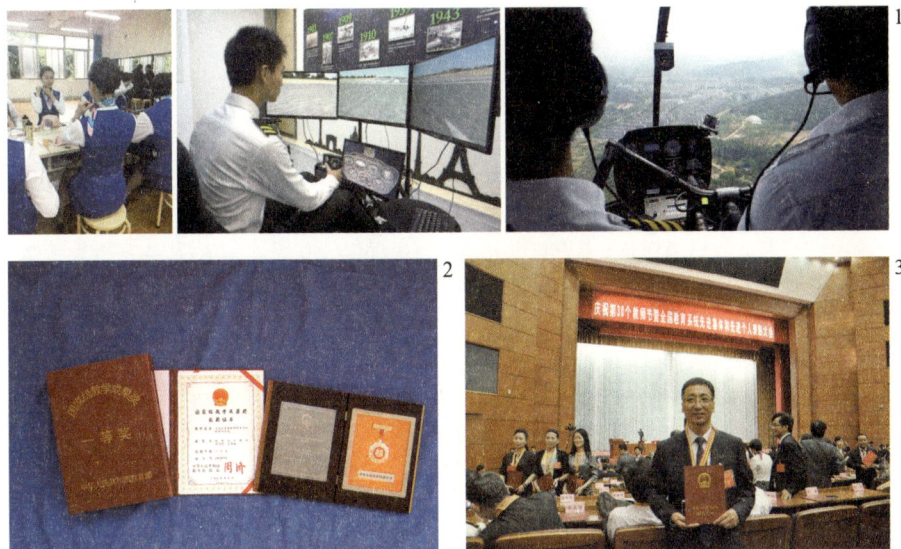

联网技术"两个国家级专业教学共享型资源库,建设了12个校级教学资源库,建成在线课程合计697门,获市厅级以上科技成果奖、人文社科奖等14项(图1–3–5、图1–3–6)学校建设的各类教学成果、精品课程、资源库实训基地等详见表1–3–1。

表1–3–1　学校国家级、省级教学成果奖一览表

序号	成果名称	完成人	级别	获奖等级（类别）	获批年份	文件号
1	系统改革高职课程体系的探索与实践	戴勇、张铮、韩冰、顾惠明、吴慧媛	国家级	一等奖	2009	教高〔2009〕12号
2	高职实训基地关键资源池（KR–POOL）模式的研究与实践	戴勇、周桂瑾、陈玉平、程载和、陈伟、张小红、钱晓忠、蔡建军	国家级	一等奖	2014	教师〔2014〕8号
3	两级跨界互动模式的高职专业教学资源库建设与应用	顾京、刘建超、高雅萍、张铮、程载和、李学锋、韩冰、张荃、孙燕华、袁忠、王翠英、徐刚	国家级	二等奖	2014	教师〔2014〕8号
4	基于文化生态理念的高职"一体两翼三融合"文化育人体系的构建与实践	朱爱胜、魏少峰、李宗义、承剑芬、赵明安、奚小网、坚葆林、周春兰、毕明明、曹亮、徐杰、章樱樱、易晓春、米保全、王得燕、周飞、逯广义	国家级	二等奖	2018	教师〔2018〕21号

序号	成果名称	完成人	级别	获奖等级（类别）	获批年份	文件号
5	跨前跨境跨界系统开发高职优质课程资源的研究与实践	戴勇、倪卫东、刘志刚、华坚、曹小兵、崔平、张铮、俞林	国家级	二等奖	2018	教师〔2018〕21号
6	高职高专教育机电类专业人才培养规格和课程体系改革、建设的研究与实践	戴勇、倪森寿、顾京、陈礼、戚长政	省级	一等奖	2005	苏教高〔2005〕5号
7	高职汽车专业人才培养方案及教学内容、课程体系改革的研究与实践	傅筠、冯渊、冯建东、韩冰、黄捷	省级	二等奖	2005	苏教高〔2005〕5号
8	高职机电类专业"品牌—中心"产学合作模式的研究与实践	戴勇、傅筠、顾京、邹晔、张铮	省级	特等奖	2008	苏政发〔2008〕2号
9	系统改革高职课程体系的探索与实践	戴勇、张铮、韩冰、顾惠明、吴慧媛	省级	一等奖	2009	苏教高〔2009〕2号
10	高职数控技术专业工学结合人才培养模式改革的研究与实践	张铮、王振宇、顾京、孙燕华、徐安林	省级	二等奖	2009	苏教高〔2009〕2号
11	高职机电类专业"全程—开放"工学结合人才培养模式的探索与实践	华坚、奚小网、周志德、崔平、孙燕华	省级	二等奖	2011	苏教高〔2011〕31号
12	高职文化素质教育体系的构建与实践	傅筠、承剑芬、张建忠、杨雪琴、沈明南	省级	二等奖	2011	苏教高〔2011〕31号
13	高职实训基地KR-POOL模式的研究与实践	戴勇、周桂瑾、陈玉平、程载和、陈伟、张小红、钱晓忠、蔡建军	省级	特等奖	2013	苏教人〔2013〕14号
14	高职院校教学资源库的建设与应用	顾京、张铮、程载和、孙燕华、韩冰	省级	一等奖	2013	苏教人〔2013〕14号
15	高职院校M3P创新教育体系的构建与实践	曹建林、张建忠、强伟纲、周桂瑾、徐悦	省级	二等奖	2013	苏教人〔2013〕14号
16	跨前跨境跨界系统开发高职优质课程资源的研究与实践	戴勇、倪卫东、刘志刚、华坚、曹小兵、崔平	省级	特等奖	2017	苏教人〔2017〕15号

序号	成果名称	完成人	级别	获奖等级（类别）	获批年份	文件号
17	"平台 项目 技术 资源"——高职机电类专业技术技能积累模式的研究与实践	龚方红、黄麟、徐安林、徐晴、张元良、曹建峰、韩冰、崔伯第	省级	二等奖	2017	苏教人〔2017〕15号
18	集群·集成·集约：高职机电类专业群建设模式的探索与实践	周桂瑾、胡俊平、邹晔、翁爱祥、陈天娥	省级	二等奖	2017	苏教人〔2017〕15号
19	以培养学生创新能力为引领的高职物理"四维度、三层次"课程改革与实践	许雪芬、王志萍、戴勇、王旭、钱超义、王彦彪	省级	二等奖	2017	苏教人〔2017〕15号
20	高职"一体两翼三融合"文化育人模式的研究与实践	承剑芬、奚小网、周春兰、曹亮、章樱樱、王得燕	省级	二等奖	2017	苏教人〔2017〕15号

培养模式

1.4

高职教育是与经济、社会结合得最为紧密的高等教育类型。办学60多年来，学校积极探索技术技能型人才的培养规律，秉持"学生的家园、企业的伙伴"办学理念，坚持走"立足地方，产教融合，校企合作，开放办学"的道路，依托无锡及周边企业，扎实开展顶岗实习、"全程、开放"工学结合，以及现代学徒制等人才培养模式的探索与实践，突出了"学中做、做中学""理实一体"教学模式改革。学校每年召开产学合作大会（图1-4-1），建立"双赢"机制，实现校企合作的可持续发展，赢得了众多企业的理解和支持。校企双方从解决学生实习就业到成立专业教学指导委员会，让企业全程参与专业建设，到校企双方互聘教师的产学深度融合，从"一头热"变成真正的合作共赢。合作办学、合作研究、合作人才培养与合作产业发展，使学校办学资源越来越丰富，办学道路越走越宽敞，

1. 图1-4-1 2004年产学合作研讨会主会场

办学效益越来越好。截至2019年，学校与200多家企业签订了长期的战略伙伴关系，其中100多家企业成为学校"工学结合"顶岗实习基地，近20家企业单位为学校设立了企业奖学金，26位行业界的专家和高级管理人员进入学院担任客座教授，姚建铨、顾秋亮等一批工程院士、大国工匠被学校聘为产业教授（图1-4-2～图1-4-5）。校企合作共同开发课程累计607门，占开设课程总数的63.57%，共同开发教材300部，专业平均拥有校企合作共同开发教材7.92本。学校所有开设专业均与企业开展合作，合作企业订单培养人数占在校生总人数的10.33%。

同时，学校为地方产业转型升级提供人才支持与技术支撑，建成了国内一流，集研发、生产、教学于一体，基于工业物联网技术的"智能制造工程中心"，并牵头组建了全国机械行业智能制造技术职教集团（图1-4-6）、江苏省汽车职业教育集团，建有江苏省传感网应用工程技术研究开发中心、江苏省冷压冶金球团工程技术研究中心、江苏省中小企业工业机器人产业公共技术服务平台、无锡市工业AGV技术应用及推广服务平台等，校企合作不断向纵深发展。近5年到账科研经费达1.54亿元；拥有有效专利1 500余件，国际专利1项；牵头和参与制订国家标准或行业标准10余项（表1-4-1），主持国家自然科学基金项目6项、国家社会科学基金项目2项、省部级科研项目50余项。

1. 图1-4-2
26位行业企业界的专家和高级管理人员进入学院受聘担任客座教授
2. 图1-4-3
合作企业无锡威克集团总裁在2004年产学合作大会上为优秀学子颁发企业奖学金
3. 图1-4-4
聘请中国科学院院士姚建铨为学校客座教授
4. 图1-4-5
聘请一批大国工匠和企业高管担任产业教授
5. 图1-4-6
全国机械行业智能制造技术职业教育集团

表1-4-1　学校承担各类标准制订情况一览表

序号	类别	承担情况	名称	负责人	主管部门	状态	标准编号
1	国家标准	牵头	《生产现场可视化管理系统技术规范》	钱晓忠	国标委	2018年7月13日颁布实施	GB/T 36531-2018
2	国家标准	牵头	《生产过程质量控制设备状态监测》	吴慧媛	国标委	2019年8月30日颁布实施	GB/T 37942-2019
3	国家标准	参与	《数字化车间通用技术要求》	戴勇	国标委	2019年5月10日颁布实施	GB/T 37393-2019
4	国家标准	参与	《数字化车间术语和定义》	郭琼	工信部	立项制订	
5	行业标准	牵头	《锻压机械用组合式气动干式摩擦离合制动器》	王骏	工信部	2014年11月1日颁布实施	JB/T 12089-2014
6	行业标准	牵头	《机械压力机用凸轮控制器》	饶成明	工信部	2014年11月1日颁布实施	JB/T 12090-2014
7	行业标准	牵头	《港口螺旋式连续卸船机》	王建荣	交通部	2016年4月10日颁布实施	JT/T 1044-2016
8	行业标准	牵头	《高等职业学校物联网应用技术专业仪器设备装备规范》	曹建峰	教育部	2018年8月12日颁布实施	
9	行业标准	牵头	《高等职业学校机电一体化专业（智能制造技术方向）仪器设备装备规范》	王建荣	教育部	立项制订	
10	行业标准	牵头	《工业机器人技术应用》	黄麟	教育部	立项制订	
11	地方标准	牵头	《仓储管理中的RFID应用技术规范》	吴兆明	江苏省市场监管局	立项制订	

　　另外，学校还与南通、苏州、连云港、宿迁等地区10多个政府或部门（图1-4-7、图1-4-8）、190多家企业签署了合作协议（图1-4-9），施耐德电气（中国）有限公司（图1-4-10）等40多家知名企业为学校提供价值6 000余万元的仪器设备，华润燃气、上汽集团、灵山集团等企业来校开设订单班，定向为企业培养高素质人才。"无锡市物联网信息融合关键技术公共平台"和"无锡市技术产权交易市场 无锡·滨湖分中心"在学校揭牌（图1-4-11）。2012年起，学校承担高等职业学校骨干教师国家级培训项目和江苏省中等职业教育教师培训项目，为无锡市相关企业职工提供线上线下相结合的技能培训（图1-4-12、

1. 图 1-4-7 无锡职院 – 苏州宿迁工业园校企合作签约仪式
2. 图 1-4-8 学校与泰兴市人民政府签订政校合作协议
3. 图 1-4-9 学校合作单位（部分）
4. 图 1-4-10 施耐德电气（中国）有限公司与学校共建运动控制实训室
5. 图 1-4-11 "无锡市物联网信息融合关键技术公共平台"和"无锡市技术产权交易市场无锡·滨湖分中心"在学校揭牌
6. 图 1-4-12 参加高职骨干教师国培项目的学员在门店空调专柜听取销售员讲解销售技巧
7. 图 1-4-13 学校承办滨湖区职工物联网技术应用比赛
8. 图 1-4-14 学校获批高等学校继续教育示范基地

图 1-4-13），发挥学校的师资和平台优势，助力职业教育发展和地方产业转型升级。学校先后被评为"全国机械行业职业院校先进制造技术促进与服务基地""高等学校继续教育示范基地"（图 1-4-14）"全国职工教育培训示范点"（图 1-4-15），2016 年、2018 年两度入选"全国高等职业院校服务贡献 50 强"，并建有江苏省社区教育特色品牌项目、无锡市高技能人才培养示范基地、国家职业技能鉴定所、江苏省机械职业技术教育中心、无锡市"技能绿卡"培训基地等。

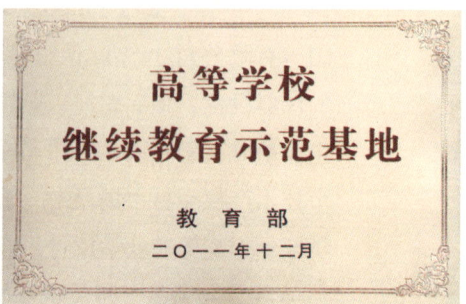

全国职工教育培训

示 范 点

中华全国总工会
二〇一六年十二月

编号：2016-320-058

1.5 发展规划

从 1999 年升格办学以来，学校实施"质量立校、人才强校、特色名校、开放兴校、文化厚校"五大战略，发展迅猛，成绩卓著，得到了国家、省、市、行业相关领导的高度肯定。学校先后荣获"全国职业教育先进单位""全国教育系统先进集体""全国机械行业文明单位""江苏省教学工作先进高校""江苏省教育人才先进单位""江苏省教育国际合作交流先进学校""江苏省高等学校思想政治教育工作先进集体""江苏省高等学校和谐校园""江苏省教育宣传工作先进单位""江苏省高等学校先进基层党组织"等荣誉称号。

作为"中国特色高水平高职学校"建设单位，面向未来，学校将以"双高"校建设为契机，坚持"立德树人、以文化人"，以培养高素质智能制造类技术技能人才为己任，确立技术引领的发展理念，主动策应制造业走向全球产业中高端的发展需求，全面深化改革，推进内涵建设，提升办学水平，力争到 2023 年，实现"国际知名、领军全国的智能制造特色校"发展目标。在服务学生多元成长成才、服务制造产业发展、服务教育对外开放等方面引领职业教育高质量发展，建成高端人才"蓄水池"、智能制造"大国工匠"摇篮，贡献中国特色职业教育发展模式的"无锡职院方案"。争取到 2035 年，把学校建设成为特色鲜明的高水平应用技术大学。学校办学水平、服务能力达国际先进水平，"无锡职院方案"走向世界。

1. 图 1-4-15 学校获批全国职工教育培训示范点

2 文化精魂

从筚路蓝缕建设农机校，到成绩斐然的无锡机械制造学校，再到首批国家示范性高职院校，无锡职业技术学院 60 多年的办学实践，不仅在人才培养、科学研究、社会服务等方面取得了累累硕果，更逐渐积淀形成了学校自身的独特精神，构成了无锡职院文化育人的核心和灵魂。

2.1 办学理念

办学理念，即办学的理想和信念，是一所学校的办学思想、教育观念及其价值追求的综合，是教育共性和学校个性的有机统一。办学理念的形成与发展，既取决于当时社会经济、政治以及文化的发展要求，又与该校的办学传统、校领导及教师们的教育观念密切相关，其核心是学校对于人才培养、科学研究、社会服务三大功能的定位及其协调发展的理性思考。因此，一个学校办学理念的确立是一个不断积累、提炼和升华的过程，也是一个与时俱进、彰显办学特色的过程。在 60 多年的发展过程中，无锡职院的办学理念经历了从自发到自觉、从共性表达到个性化、特色化表达的过程。

2.1.1 无锡职院办学理念的嬗变

早在创建之初，学校提出了"学生经过三年学习后，达到具有社会主义觉悟的、有一定文化水平的、掌握农业机械制造基础技术和操作能力的工艺技术员水平"的人才培养目标，开办了农田水利机械、内燃机等专业。军人出身的创业领导者们把部队的优良传统和作风带到了学校，实行半军事化管理。为加强学生实践动手能力，学校与无锡动力机厂合并，实行工读结合，培养出一批批"肯干、能干"的优秀毕业生，"为无锡职业教育走半工半读、勤工俭学的道路创出了辉煌成绩" [1]。

党的十一届三中全会以后，学校迎来了"大力发展职业技术教育"的改革开放新时期。按照 1985 年 5 月《中共中央关于教育体制改革的决定》提出的"要着重职业技能的训练，训练的范围不要太窄……以适应长期广泛就业、进行技术革新和继续进修的需要；同时还要重视职业道德和职业纪律的教育"的要求，为突出专业的实践性，学校开发了《机械基础》《机械制造工艺与装备》《机械工程学》《金工练习册》等综合专业教材，被无锡市许多中等职业技术学校

[1]
无锡市陶行知研究会，无锡市教育学会.无锡职业教育史[M].南京：凤凰出版传媒集团，2011：79.

❶
1993年,《中国教育改革和发展纲要》。

❷
同①。

的机械专业采用,取得较好的成效。同时还积极为无锡工矿企业服务,举办面向企业的铸工、机械加工、热处理、组合机床等短期培训班,尝试学历教育与职后职业培训并举的办学路子,适应了无锡多层次、多规格培养技术工人与人才的需要。

20世纪90年代,中国经济突飞猛进,技术型、技能型高级人才成为制造行业企业的紧缺人才。学校紧紧抓住"通过改革现有高等专科学校、职业大学和成人高校以及举办灵活多样的高等职业班等途径,积极发展高等职业教育"❶的历史性机遇,成为全国首批举办五年制高职的十所学校之一,开始培养"生产、建设、管理、服务一线的高等技术应用性人才"❷。并于1999年升格为高职层次的职业技术学院,跨入高等教育的行列。

21世纪初,面对生源市场的竞争和产业结构的升级换代,高职教育如何满足行业企业对高层次技术应用型人才的需求,如何增强学校对家长和学生的吸引力,办人民满意的高职教育,成为学校办学者们思考的头等大事。时任校长戴勇陷入了沉思,在研究了学校发展现状、反思学校办学责任、分析市场经济条件下企业需求的基础上,他提出了"学生的家园,企业的伙伴"这一个性化、特色化的办学理念,使学校办学目标越来越清晰。

2.1.2 "学生的家园,企业的伙伴"的内涵意蕴

戴勇认为,教育本质上也是一种服务,学校的服务包含两个方面:一是服务学生成长,二是服务区域经济发展。服务学生的成长,办学必须坚持"以人为本",必须坚持"一切为了学生、为了学生的一切、为了一切学生"的教育理念,尊重学生的主体地位,发挥学生的主动性和创造性;服务区域经济发展,要求学校密切关注社会经济发展动态和职业岗位需求变化,实现人才培养与企业人才需求对接,使学校成为企业不可或缺的合作伙伴。

"学生的家园",表明学校既是学生居住生存的物质场所,又是学生心灵成长的精神家园。

"伙伴"一词,据明代叶宪祖的《鸾鎞记·挫权》记载,北魏时军人以十人为火,共灶炊食,故称"同火"为"火伴",引申为"同伴",后多写作"伙伴"。因此,所谓"伙伴"是指参加某种组织或从事某种活动可以"共灶炊食"的人,是有共同目标、共同利益和价值取向的一个集体。办学理念中的"企业的伙伴",将学校和企业的关系定位为伙伴关系,至少有三个方面的意义:一是校企之间有着共通的价值观和理念,只有价值观相同的才能成为校企合作伙伴。二是平等关系。校企双方虽然利益诉求有所不同,但关系是平等的。三是相互需要。彼此有共同的目标——"人才",企业为了得到人才与技术需要学校支持,学校为了培养人才、提高技术,需要企业的资源,两者互补双赢。

"学生的家园，企业的伙伴"不仅引导着无锡职院办学的价值取向，也标志着学校以服务为宗旨，从传统的管理型向服务型转变，学生从过去的"言听计从"向"自我实现"转变。

2.1.3 "学生的家园"的实施举措

一、建立"学生事务服务中心"，为学生提供"一站式服务"

"学生事务服务中心"（图2-1-1）汇集了学生处、财务处、教务处、团委、保卫处、后勤服务公司、继续教育学院、国际交流学院、信息化中心等涉及学生事务的职能部门，事务服务大厅设立服务窗口，为学生事务提供"全天候一站式"服务，凡涉及学生在校期间和毕业就业的一切事务，都可以通过该平台得到快捷解决或找到解决的路径。

1

二、优化美化校园环境，建设有利于身心健康的"庭院式家园"

依托长广溪湿地公园和蠡湖、鼋头渚等无锡风景区优越的山水自然条件，学校以"生态校园、曲水流觞"为设计主题，着力打造现代化、数字化、园林化、生态化的江南水乡园林式校园。按"梅兰竹菊，曲水流觞"意境营造并命名学生宿舍楼，建设了小桥流水、亭台楼阁、风景长廊，以及"天鹅湖"、无锡名人苑等人文景观和建筑，让学校成为一座美丽大气的家园。

三、浓郁校园文化氛围，构筑学生的"精神家园"

从2007年建设示范高职校开始，学校就着力营造校园文化生态，努力打造文化校园。一方面着力构建包括第一课堂、第二课堂和第三虚拟网络课堂在内的"一体两翼"文化育人体系，另一方面通过教室文化、宿舍文化、社团文化建设，提高学生综合素质。目前，学校有冰雨艺术社、大学生艺术团、蠡溪书画社等各类社团近100个，涵盖了文艺、体育、国学、创新创业等9个类型，社团常年开展五四科技文化艺术节、读者节、迎新年送春联、大学生志愿者等活动（图2-1-2～图2-1-5），丰富了学生们的校园生活。调查结果显示，毕业生对在校期间各项社团活动的满意度普遍较高，均在84%～90%之间。

四、建设学生心理健康教育与就业指导服务体系

学校建立了大学生心理健康咨询中心、线上线下课程，开展内容丰富的心理健康教育和咨询服务，帮助同学们解决心理困扰。另外，还进行心理普测，建立心理档案，帮助同学们发现评估自己的心理健康指数，培养健康身心。

1. 图2-1-1
   2011年4月
   26日，学校
   学生事务服
   务中心揭牌
   成立

为了帮助同学们"好就业、就好业、就业好",学校构建了"学校—职能部门—学院—辅导员"四级就业工作责任体系,通过学校官方的就业信息网和 App"锡职院就业",使用人单位和学生零距离互动(图 2-1-6、图 2-1-7)。学校连续多年被评为江苏省高校就业工作先进集体(图 2-1-8)。

学校还充分信任学生并尊重学生的自主权益,制订了《学生申诉管理办法》,允许学生对学校在学籍处理、违纪违规处理等方面可能出现的不满意进行申诉,由校学生申诉处理委员会组织专家组进行论证,对实属处理过当的加以纠正,最大限度地减少了被处理学生的情感伤害。同时,将学生社团作为连接学校和学生的良好纽带、维护学生权益、代表学生意志的重要平台,让学生管理自己的事业,维护自己的权益,使学生在自我教育和自我管理中实现更大发展。

2.1.4 "企业的伙伴"的实施路径

一、依托行业办学背景,与企业建立校企合作关系

无锡职院从诞生之日起,就与企业有着天然的联系。办学之初,依托农业机械部的行业背景,学校与无锡、上海、苏州、南通甚至洛阳等一大批农业机械部直属企业就建立了稳定的校企合作关系。20 世纪 60 年代中期的"半工半读、厂校合一"新型工厂型学校,既出人才,又出产品。改革开放后,学校被确定为德国"双元制"职业技术教育模式试点学校,在无锡市机械行业企业中招收优秀员工来学校培养,为无锡机械行业所属企业培养了一批既懂一定的专业技术知识,又能现场管理生产的工段长。1990 年,学校与无锡动力、压缩、轴承、微轴、水泵、汽运公司等相关企业建立"厂校挂钩,双向育人"制度,企业成为学生劳动、专

1. 图 2-1-2
校党委朱爱胜书记为"读者节"获奖学生颁发奖品"山地自行车"
2. 图 2-1-3
校学生太极协会为读者节助兴
3. 图 2-1-4
蓝溪书画社成员在现场习作
4. 图 2-1-5
大学生机器人团队在教师指导下调试工业机器人

业实习和毕业设计的基地。

二、遵从市场规律，以"双赢"理念驱动校企合作项目

从 2004 年开始，学校通过产学合作中心、产学合作论坛、无锡中小企业服务中心、无锡制造业服务网、无锡汽车制造与服务网、智能制造工程

中心等服务平台为企业提供人才支持、科技研发、技术推广和技术服务；通过继续教育学院为企业培训员工。学校校园内道路、文化广场、实验室甚至创新班、创新学院都以企业命名，宣传合作企业的产品、企业文化，赢得了

1. 图2-1-6
"互联网+"
精准就业信息服务 App
"锡职院就业"
2. 图2-1-7
就业信息网
为学生提供
就业服务
3. 图2-1-8
学校多次获评江苏省高校毕业生就业工作先进集体

一大批企业和用人单位的信任和支持，与企业建立了双赢的、可持续发展的"企业的伙伴"关系。

三、建立"校友会"，以母校情结助推校企伙伴品牌

办学60多年来，学校培养了近10万名技术技能型人才，许多学生在工作岗位上成绩显赫，成为企业总裁、技术骨干、技能大师、科技功臣甚至道德模范。从50周年校庆前夕开始，学校积极开发校友资源，成立了"校友工作办公室"，在校园网上开辟"校友网"，在江苏各大城市建立了校友会（图2-1-9、图2-1-10），为校友回校、周年庆典、继续教育等提供咨询和热情服务，让母校成为校友的精神家园。同时，依托校友对母校的感情，建立良好的合作关系。校友们积极地参与校企合作，不仅参与学校的专业咨询委员会，为母校发展献计献策，还捐资捐物，提供奖学金和实习实训设备。十多年来，每到毕业季，都有校友回校举办"校友报告会"，讲述自己的创业经历，分享职场成功经验，同时来母校招聘毕业生，使学校的校企合作之路越走越宽。

校训精神

2.2

校训是一所学校对于本校教师、学生最高层次的精神训诫，是一所学校珍贵的价值遗产和宝贵的精神财富。

无锡职院的校训是对学校长期办学实践和教学活动本质特征的凝练。从中专时期提出"敬业、俭朴、奋进"，到升格为高职院校后的"严谨治学，崇尚实践（图2-2-1）"，校训高度概括了学校的教育理念、治学风格，它在润物细无声中陶冶着历届学生的心灵，启迪着师生的精神追求，赋予师生特有的气

①

冯渊，谈兴华.
"一条主线，三
个层面"实践
教学体系的创
建与再认识[J].
机械职业教育，
2006（8）：7-8.

质与灵性。

　　"严谨治学"从高职教育是高等教育的重要组成部分视角，突出了高职教育的"高"。与普通高等教育相比，高职教育是不同的教育类型，但并非层次上的差异，所以探究知识、研究学问，是高职教育的应有之义。"严谨治学"表达的是一种治学态度，它既要求教师在传授知识和研究学问的过程中做到严密谨慎、严格细致，又要求学生在探求知识和培养技能过程中做到精益求精，一丝不苟。只有"严谨治学"，才能把书教好、把学上好。

　　后半句"崇尚实践"，强调了高职教育的"职"，即实践动手能力的重要性。相对于理论知识而言，高职教育应该更强调知识、技能的实际运用和动手操作能力的培养。"崇尚实践"既是学校长期以来的价值取向，也是彰显高职教育特色的行动指南。学校将"崇尚实践"作为人才培养的基本定位，在长期的办学实践中始终致力于学生实践动手能力培养，积极探索构建体现高职特色、提高学生职业能力的实践教学体系，成功提出了"一条主线、三个层面"的实践教学体系和"理论实践一体化"人才培养模式①，并为之不懈努力。

　　从"敬业、俭朴、奋进"到"严谨治学，崇尚实践"，校训不断引导着职院师生的行为方式、思维习惯和精神追求，它也在一代代职院人的传承、积淀中丰富、发展，形成了严谨规范、精益求精的工匠精神，知行合一、求真务实的科学态度，与时俱进、敢为人先的创新精神，成了职院人的独特品格。

1

1. 图2-2-1
镌刻在学校
大门背面的
校训

2.2.1 严谨规范 精益求精的工匠精神

作为培养制造类专门人才的工科院校，严谨与规范是学校的传统和特色，也是吴文化铸剑精神的承续。

20世纪60年代，学校认真贯彻农业机械部教育司"关于改进各教学环节工作的原则规定"（图2-2-2），按照"少而精"的教学原则"管教管学"，要求教师"要设身处地地，以初学者的心情对待教学工作，既要细心体察学生的不同要求和困难，帮助他们扫除障碍，有计划地均衡地学好功课，培养独立工作能力，又要以学习纪律严格要求学生，决不迁就"（《关于改进各教学环节工作的原则规定》）。学校制订了《关于毕业劳动与毕业考核工作的初步意见》（图2-2-3），对毕业劳动和毕业考核作出具体规定："前四周集中劳动，后七周边劳动，边设计，劳动时间50%，设计时间50%，最后根据政治思想、操作熟练程度及设计质量评定成绩"，要求指导教师做到"五同"，即"与学生同吃、同住、同劳动、同学习与同娱乐"。这些工作要求与规范在今天看来依然并不过时，也正因为师生"五同"，朝夕相处，才产生了深厚的师生之情，也正因严谨规范，才确保了教学质量，第一届学生在第三学年进入上海机床厂、洛阳拖拉机厂实习时，操作能力和知识水平相比其他学校学生表现出明显的优势。

"文革"后复校，学校首先整顿教学，确立了"以课堂教学为中心"规范教学秩序；以"双师、双纲、双向"培育人才，不仅提高了教学质量，也为江苏乃至全国的职业教育规范化管理提供了示范。20世纪90年代，学校按"必需够用"的教学原则，以基础课服务专业课思路改革教学内容，突破了学科的窠臼，得到了全国大多数机械行业学校的响应，根据岗位所需语文、数学、外

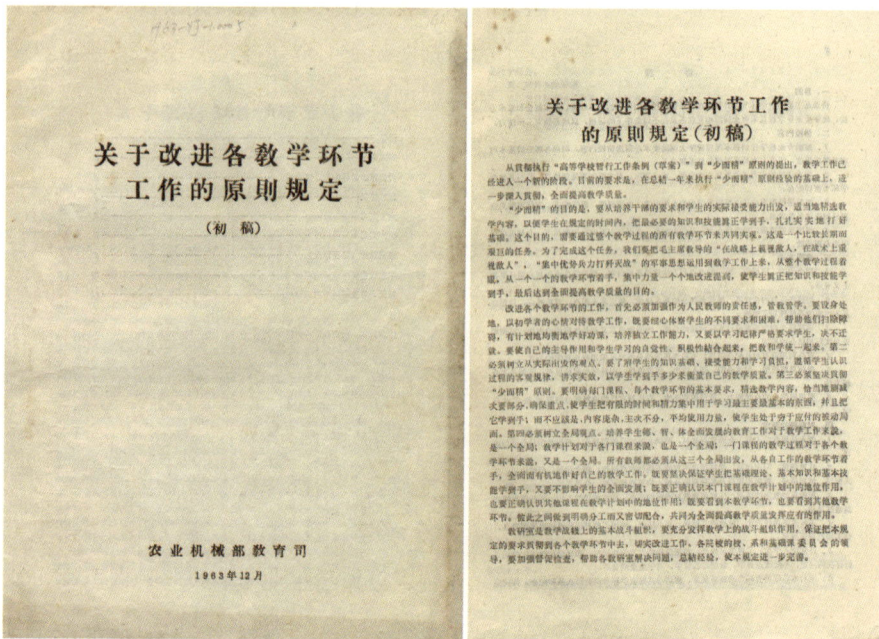

1

**关于改进各教学环节
工作的原则规定**

（初　稿）

农业机械部教育司
1963年12月

**关于改进各教学环节工作
的原则规定（初稿）**

1. 图2-2-2
《关于改进各
教学环节工
作的原则规
定》（1963年
12月初稿）

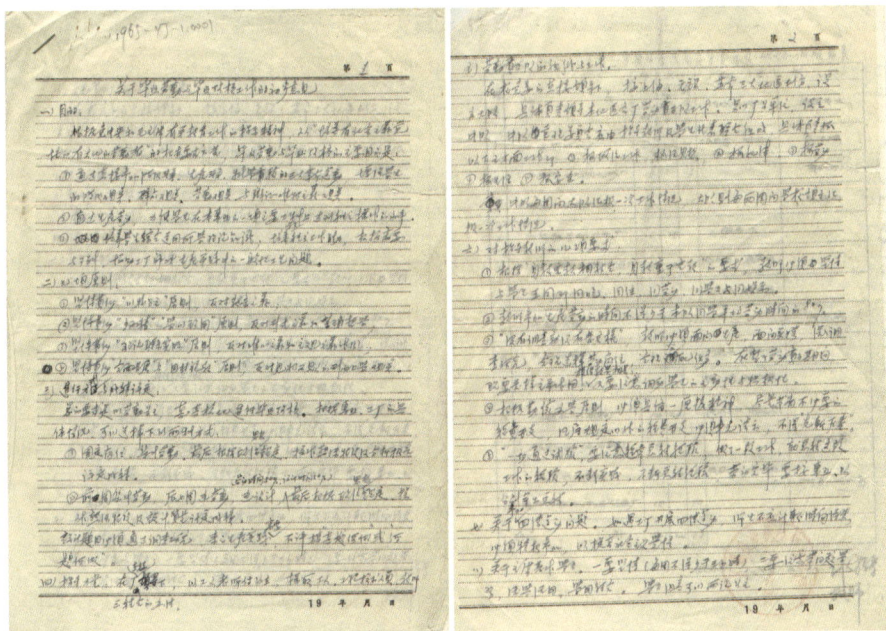

语等学科基本知识和基本能力要素所编写的教材《高职语文》《高职外语》《高职制图》《高职数学》，在全国机械行业得到了广泛应用。

21 世纪初，学校面对规模迅速扩张所带来教育质量问题，及时设立了质量监督机构"质量监督与控制部"（简称质控部），并率先在高职领域借鉴 ISO9000 管理思想，加强"过程控制"和"质量改进"，运行"教育教学质量管理体系 V1.0"。示范校建设期，学校根据人才培养目标和专业教学内涵，重新修订了质量管理体系，形成以本级为保证、上级为监控，层层管理、步步落实的"教育教学质量管理体系 V2.0"。2015 年起，学校作为全国高职"诊改试点"单位建设完善了"内部质量保证体系 V3.0"，从"学校、专业、课程、教师、学生"五个层面提出质量自我保证，形成了以"常态纠偏＋阶段改进"相结合的全方位、全过程质量监控与预测机制（图 2-2-4）。

没有规矩，不成方圆。严谨规范、精益求精的工匠精神创造了属于无锡职院的品牌和辉煌，逐渐养成了职院师生从工作、学习到日常行为都按规则办事，追求慢工出细活的品质。

2.2.2 知行合一，求真务实的科学态度

"知行合一"是中国传统文化的精神基因。人民教育家陶行知因推崇"知行合一"，将其原名陶文濬改成了陶行知，他认为"行是知之始，知是行之成"，不仅要认识（知），尤其应当实践（行），只有把"知"和"行"统一起来，才能称得上"善"。高素质技术技能型人才的优势就是"懂理论、会操作"，理论联系实际，知行合一、求真务实已经成为职院学生的自觉行

1. 图 2-2-3
《关于毕业劳动与毕业考核工作的初步意见》（1965 年手写稿）

动。从课堂到实习，从校内创业项目到职场创业实体，职院学子在实践探究、格物穷理中，"知之真切笃实处，行之明觉精察处"。近年来，学校建设了大学生创业园，制订了《无锡职业技术学院大学生创业基地管理办法》《大学生创业园业主大会制度》等，经过学生自主申请、专家团评审、政策扶持、导师指导、经营考核等流程，开展大学生创业街创业项目、省大学生创新创业项目等校内创业实战，孵化了22个学生创业创新项目入驻创业街，培养了大学生创业理念，增强了大学生创业意识，促进了学校人才培养质量的全面提升。

学校还把大门正对着的中央大道命名为"行知路"（图2-2-5），目的就是提醒师生要坚持理论联系实际的求真务实作风，既要善于学习，又要勇于实践、敢于创新。

2.2.3 与时俱进、敢为人先的创新精神

无锡职院从创办到今天，开拓创新、敢为人先的精神基因一直伴随着学校的发展壮大。从20世纪80年代末探索试点德国"双元制"人才培养模式，到90年代首批试办五年制高职，到2006成为首批28所国家示范性高职院校之一、试办高职本科，再到入选全国高水平学校建设单位，职院人以舍我其谁的勇气，不断为中国职业教育提供新思路和新方案。

1994年，学校得到了机械行业与江苏省政府的双重推荐，成功入选全国10所试办五年制高职的中专校之一。面对当时数控技术专业人才紧缺现状，学校率先开始试办数控技术应用专业，顾京作为该专业带头人，全情专注于专

业建设，引进了本地区第一台工业型数控铣床，为无锡地区培养了第一批数控技术人才，完成了第一台自行改造的数控专机，编写了全国第一本高职教材《数控加工程序的编制》，建成了第一门国家精品课程——"数控编程"，建成了第一个数控技术国家级专业教学资源库。20多年来，数控专业创造了20多项荣誉，成为名副其实的"大满贯"专业。而顾京也成为国家级教学名师、高职院校中少有的二级教授。

2012年学校获批首批高职本科教育试点学校，担当起职业教育改革先行者的角色，开始探索本科层次的高技术技能人才培养之路。在"中国制造2025"强国战略的大背景下，学校以与时俱进、敢为人先的创新精神，瞄准无锡市大力发展物联网产业的重要契机，以物联网技术应用及智能制造为主线，投资建成了集研发、生产、教学于一体，国内一流的"智能制造工程中心"，开启校校联合、产学融合、政校协同培养智能制造大国工匠的新征程。

2.3 制度文化

学校制度文化主要指学校中特有的规章制度、管理条例、学生手册、检查评比等，它是学校正常开展教育教学的条件和保障，是师生的行为准则。

近年来，学校在促进依法治校、科学发展之路上不懈努力，加快现代大学制度的建设。学校发布《无锡职业技术学院章程》，遵循"以服务为宗旨，以就业为导向，走产学研结合发展道路"的办学方针，落实"学生的家园，企业的伙伴"办学理念，围绕人才培养、科学研究、社会服务、文化传承四大任务，修订《无锡职业技术学院学籍管理办法》，营造有利于创新型高素质技术技能人才的成长环境，根据《国家职业教育改革实施方案》，试行"1+X"证书制度，对人才培养的目标要求、人才培养方案、课程体系、教育模式、激励机制、政策保障及服务体系等方面进行了详尽部署。一是完善学分制，实行学分制与学分银行制度。二是优化转专业有关规定。三是实施弹性学制，放宽学生修业年限。四是完善奖助学金制度。五是完善学生评价制度。改革考试内容和方式，注重考查学生运用知识分析、解决问题的能力，探索灵活多样的开放式考核，突出素质和能力考评，促进结果考核向过程考核、知识考核向能力考核、单一考核方式向多种考核方式转变，体现了学校"以人为本"文化的传承。

行为文化

学校秉承"严谨治学，崇尚实践"校训精神，一贯注重学生日常行为习惯养成教育，宿舍内务整理要求被子叠成"豆腐块"，毛巾、茶杯、鞋子的摆放必须摆成"三个一条线"；校园内教学场所禁止吃游食（边走边吃）、抽游烟（边走边抽），不可以迟到早退，每天由宿舍管理员和专职辅导员督查；每日早操、晚自习点名，开展"文明宿舍""文明科室"评比，通过一系列严格的检查制度和奖惩制度养成师生的文明习惯。

在日常行为准则方面，学校还先后制订出台了《无锡职业技术学院学生日常基础文明行为规范》《无锡职业技术学院校园文明"八不""十无"》《无锡职业技术学院学生行为准则》等一系列文件，从清晨起床、早操课间操、食堂就餐、课堂礼仪、自习课阅览室纪律、会议纪律、同学交往、环境卫生、宿舍卫生与就寝纪律等方面，全面加强学生日常基础文明行为规范教育，学生文明习惯和精神风貌受到了用人单位、外校、外国来访代表团的一致好评。

除此之外，学校还在校园内引入体现职业特点的工作规范与标准、职业能力与素养等优秀企业文化元素，打造职场化的实习实训环境。学校的每一个实验实训室都实行"5S 管理法"❶的一整套可视化规则、要求、警示、评价制度等，培养学生对质量精益求精、对技艺不断改进、对规则严格执行的工作态度。

❶
一种起源于日本的现代企业管理模式。"5S"即整理（SEIRI）、整顿（SEITON）、清扫（SEISO）、清洁（SEIKETSU）、素养（SHITSUKE），又被称为"五常法则"。

3

专 业 育 人

制造业是国民经济的主体，是立国之本、兴国之器、强国之基。18世纪中叶开启工业文明以来，世界强国的兴衰史和中华民族的奋斗史一再证明，没有强大的制造业，就没有国家和民族的强盛。

为此，从1959年创办农机校以来，无锡职院以振兴中国装备制造业为己任，根植机电行业，在实践中锤炼职业精神，以强技能修行工匠素质，努力把学校建成"学生的家园、企业的伙伴、大国工匠的摇篮"，守一种精神，铸一片匠心。从办学之初的农机、内燃机两个专业，发展到今天的机械、控制、物联网、汽车与交通、财经、物流管理、艺术设计、旅游、外语等40多个专业、5大专业群；在校生规模从当初的296人发展到今天的13 800多人（含海外留学生）；办学层次从四年制初中后中专提升到五年制高职、高中后三年制专科，再到四年制本科高职，学校的办学规模不断扩大，教学质量不断提升，人才层次不断提高，为中国装备制造业和现代服务业培养了近10万名先进制造和现代服务业技术技能型人才，赢得了社会和用人单位的广泛好评。

专业格局

3.1

60多年办学历程中，学校经历了从计划经济到市场经济的变革，专业设置也实现了从按上级计划被动接受到主动认知市场、按需设置专业、谋划专业布局、培养"适销对路"专业人才的重大转变。为此，学校通过"四步走"构建专业建设新格局。

3.1.1 以产业布局为依据，构建"同心多角"专业体系

建校之初，根据中央农业机械部发展南方水田地区农业机械化的要求，学校开办了农业机械、内燃机两个专业。1978年复校后特别是80年代后期，学校紧紧围绕快速发展的中国机械工业对技术与服务型人才的需求，增设了热加工、电气、汽车制造、工业企业管理、计算机应用等专业。1990年代随着市场经济发展态势和技术综合化带来的"双向选择""一专多能"等人才需求新变化，学校按照江苏省制造业的核心产业（设备制造业）、关联产业（零部件制造业、原材料制造业和消费品制造业）和附加产业（营销服务、广告服务、租赁服务、咨询服务、维修服务、展览服务等）产业结构设置专业，形成了"以

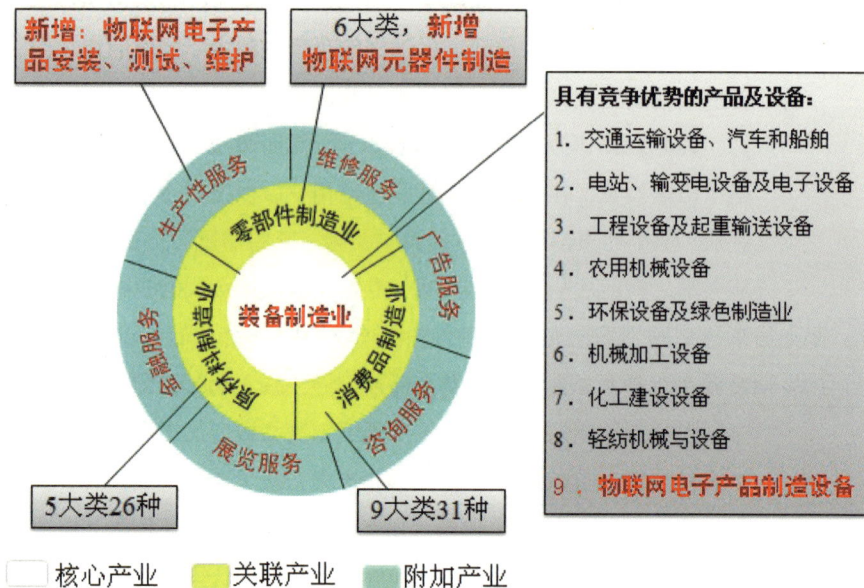

新增：物联网电子产品安装、测试、维护

6大类，新增物联网元器件制造

具有竞争优势的产品及设备：

1．交通运输设备、汽车和船舶
2．电站、输变电设备及电子设备
3．工程设备及起重输送设备
4．农用机械设备
5．环保设备及绿色制造业
6．机械加工设备
7．化工建设设备
8．轻纺机械与设备
9．物联网电子产品制造设备

5大类26种   9大类31种

□ 核心产业   ■ 关联产业   ■ 附加产业

制造业为中心，同心多角发展"的专业发展新格局（图 3-1-1）。

在"同心多角"专业体系框架下，教学资源的共享度、毕业生就业的灵活度都大大提升，促进了高职教育针对性和适应性协调发展，学校尝到了专业群建设的甜头。正如老院长戴勇教授在接受中国高职高专教育网《校长访谈》栏目时总结的那样：

"以制造业为核心，同心多角发展"专业体系，意味着学校的专业设置不是"社会上什么专业热门就办什么专业"的盲目跟风，也不是东一榔头西一棒槌的同质化竞争，而是坚守机械制造业，与时俱进构建具有鲜明时代特点、行业特色、区域特点的以装备制造业为核心的专业群，无论是机电类的二产类专业，还是三产类的现代服务类专业，都是围绕制造业及其制造服务业进行设置和调整，为后来的专业集群、资源集成、管理集约奠定了基础。

3.1.2 与产业发展相匹配，建设"智能制造"专业群

进入 21 世纪，随着江苏产业结构调整、制造业技术转型升级及物联网、新能源等战略性新兴产业的兴起，学校按照"专业集群、资源集成、管理集约""三集统筹"、技术标准研发与专业标准优化"双标同步"的理念，积极调整传统专业设置，通过专业课程体系的解构与重构，规划与组建了

1. 图 3-1-1
   学校"同心多角"专业体系
2. 图 3-1-2
   "双标同步、三集统筹"智能制造专业集群模式

机械技术、控制技术、物联网技术、制造业服务、汽车与交通技术五大制造类专业群，形成以智能制造关键技术为核心、以骨干专业为引领、以智能制造为特色、对接区域产业发展的"双标同步、三集统筹"智能制造专业集群模式（图3–1–2）。

3.1.3 以品牌专业为示范，全面优化专业内涵

在专业群建设的同时，学校实施"品牌特色专业建设计划"，通过品牌（特色）专业的示范效应，以点带面，辐射全校专业建设。品牌特色专业建设以"天地人"为核心理念，"天"即在全国同类专业中具有领先地位，在世界同领域中具有影响力和竞争力；"地"即能够支撑区域经济社会发展，服务经济转型升级、结构调整、提质增效；"人"即品牌专业建设中人才培养方案的设定。重点围绕特色发展、内涵建设、校企合作、技术服务、产教融合、机制健全等目标要素制订建设方案，呈现"顶天立地"专业态势。经过10年的品牌特色专业创建，全校40多个专业强的更强，弱的变强，招生报考率和毕业生就业率呈现"双高"态势，逐渐形成了"进口旺、出口畅"的良性循环。目前，学校拥有省、部级品牌（特色专业）将近30个（表3–1–1），形成了无锡职院的品牌效应。

表3–1–1　学校品牌（特色）、重点专业一览表

专业类型	个数	专业名称
教育部教改试点专业	2	数控技术、汽车技术服务与营销
首批国家示范专业	4	数控技术、汽车检测与维修技术、机电一体化技术、计算机应用技术
中央财政支持重点建设专业	2	电气自动化技术、机械制造与自动化
江苏高校品牌专业建设工程一期项目专业	2	数控技术、物联网应用技术
省重点建设专业群	4	机械技术专业群、控制技术专业群、物联网技术专业群、制造业服务专业群
省品牌与特色专业	8	数控设备应用与维护、电气自动化技术、机械制造与自动化、应用电子技术、机电一体化技术、市场营销、材料成型与控制工程、计算机应用技术
省高水平骨干专业	5	材料成型与控制技术、电气自动化技术、汽车检测与维修技术、软件技术、市场营销

3.1.4 以高职本科为创新点，构建"大国工匠"培育体系

2012年，学校与江苏大学联合培养高职本科的"无锡机电学院"正式拉开了序幕，机械设计制造及其自动化（数控技术应用）、物联网工程（物联网技术应用）两个专业成为首批高职本科试点专业，开始探索面向生产、建设、

服务和管理第一线的高端技术技能型专业人才、未来大国工匠的培育路径。紧接着，机械电子工程、软件工程、市场营销、电气工程及其自动化专业招收本科，使高职本科专业达到 6 个，专业开设数居全省高职院校之首。

与此同时，学校积极探索中职与高职衔接、高职与本科衔接体制机制，"汽车维修与检测技术""机电一体化"专业与地方中专校合作进行中高职"3+3"分段培养，"汽车检测与维修技术""会计""商务英语"等专业与本科院校开展"3+2"分段培养。未来，还将进一步构建包括中职、高职专科、高职本科、专业硕士、专业博士在内的现代职业教育体系。

以机立校，随机而动，学校始终坚守机械制造业这片沃土，以智慧与匠心谋划专业方向与建设内涵，以"四步走"专业建设提高教学资源共享度，确保专业稳定性、普适性、通用性、灵活性，形成了以工科制造类专业为主体，涵盖管理、财经、外语、旅游、艺术设计多学科发展的综合型办学格局。

教学管理 3.2

教学质量是学校的生命线。无锡职院始终坚持"教学中心地位"不动摇，紧紧抓住"教"与"学"两个教学质量形成的核心要素，完善内部质量保证体系，建立内外共治保障机制，多维推进质量保障工程；加强"双师"队伍建设，创新"科研团队"培养机制，努力营造有利于"大国工匠"成长的软环境。学校连年被评为全国职业院校学生实习管理 50 强、教学资源 50 强、教学管理 50 强、服务贡献 50 强、国际影响力 50 强等多项荣誉，教学质量及管理水平得到社会广泛认可。

3.2.1 建章立制，完善组织，保障教学质量持续提高

长期以来，学校教学管理可谓"严"字当头。从 20 世纪 80 年代实行教学听课、评课和督导制度，到 21 世纪初设立质控部，再到近年来的"教学诊断与改进"，学校不断完善内部质量保证制度体系和运行机制，通过"学校、专业、课程、教师、学生"五个层面、"决策指挥、资源保障、支持服务、质量生成、监督控制"五个维度的"五纵五横"质量保证体系，系统全面地对质保体系共 360 个质控点进行自动监测与分析，形成了以"常态纠偏 + 阶段改进"相结合的"8"字形质量螺旋。

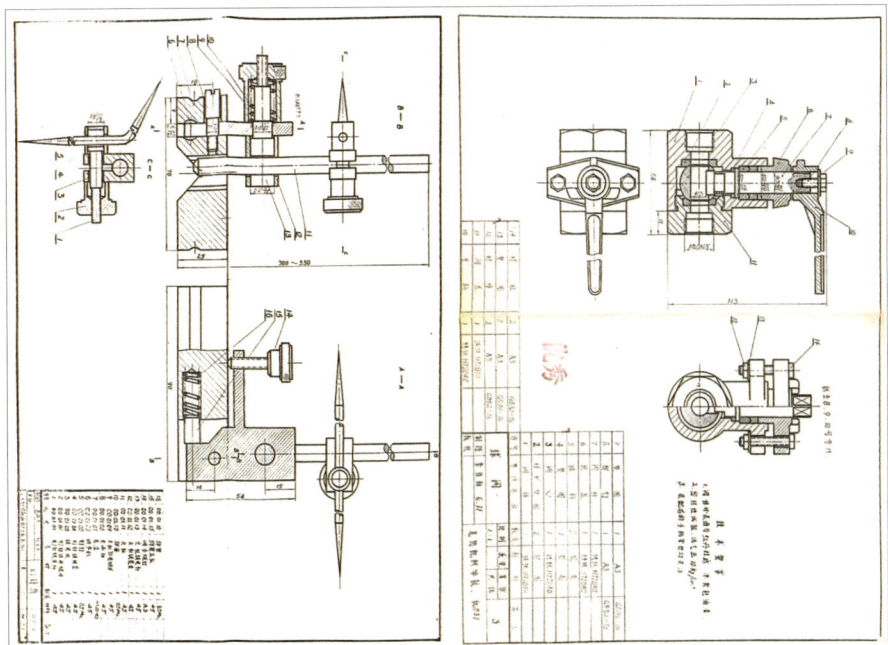

同时，严格日常教学规范，出台了一系列教学管理制度，对教师课前准备、按时上下课、教学资料（教学日志、教案、学生作业、讲义、考勤表、试卷批改、成绩评定等）都有严格规范和要求，对教学事故"零容忍"。同时，以教风带学风，处处体现"严谨治学"的教风、学风。我们可以从退休教师孙燕华教授保存了30年的两份学生制图作业中看到严谨规范教风给学生带来的变化（图3-2-1）。这两份作业是20世纪80年代中专学生"制图"课程完成的手绘零件图，其线条和精准度几乎可以与今天计算机绘图相媲美。

另外，学校加强教研活动和集体备课。利用每周二下午、寒暑假等时间组织开展全院性集中教研活动，针对教学规范化问题、专业与课程建设、教学方法、教材开发、精品课程建设、校企合作等内容展开研讨，提高认识。教务处、人事处、工会还组织开展青年教师教学竞赛、信息化大赛、微课大赛以及"我最喜爱的老师""校优秀教学名师"等活评选动，督促教师苦练教学基本功，促进青年教师岗位成长，从而有力地促进了广大教师的质量意识和业务能力，也确保了人才培养质量。

3.2.2 引培结合、关注发展，创新"双师"型教师培养机制

俗话说"名师出高徒"。教师，是提高教育质量的关键。多年来，学校高度重视师资队伍特别是"双师"型师资队伍建设和培养，遵循"新入职教师（含企业或兼职教师）—骨干教师—专业带头人—校级名师—国家（省）教学名师"的成长路径，明确每一层级的培养目标、方式和评价办法，设计了一整套培养

1. 图3-2-1
20世纪80年代中专学生手绘零件图

体系和奖励机制，激发和释放教师活力与热情。

一是重点引进博士、教授、大国工匠和技术技能大师等高层次人才。每年举办教授博士沙龙，交流学术，为学校发展建言献策（图3-2-2）。从企业、高校、科研院所、海外归国创业人员中引进聘用一批产业教授、特聘教授、兼职教授等来校参加专业建设和教学工作。比如大国工匠顾秋亮是中船重工第七〇二所"蛟龙号"载人潜水器装配组组长、钳工高级技师，曾获"全国职工职业道德建设标兵""全国五一劳动奖章"等称号。2017年9月，学校聘任他担任兼职技能教授后，他每天下午来学校向学生传授钳工技能，不仅教会学生正确使用锉刀等工具制作零部件的先进方法，还认真点评每位学生的作品，在教学过程中言传身教培养学生一丝不苟、精益求精的工匠精神（图3-2-3）。

二是关注教师发展，着力打造教师发展学院，建立教师终身学习和专业能力可持续提升体系，逐步形成潜心教学、追求卓越的教师文化，将教师发展学院建成教师发展的服务区、加油站（图3-2-4）。

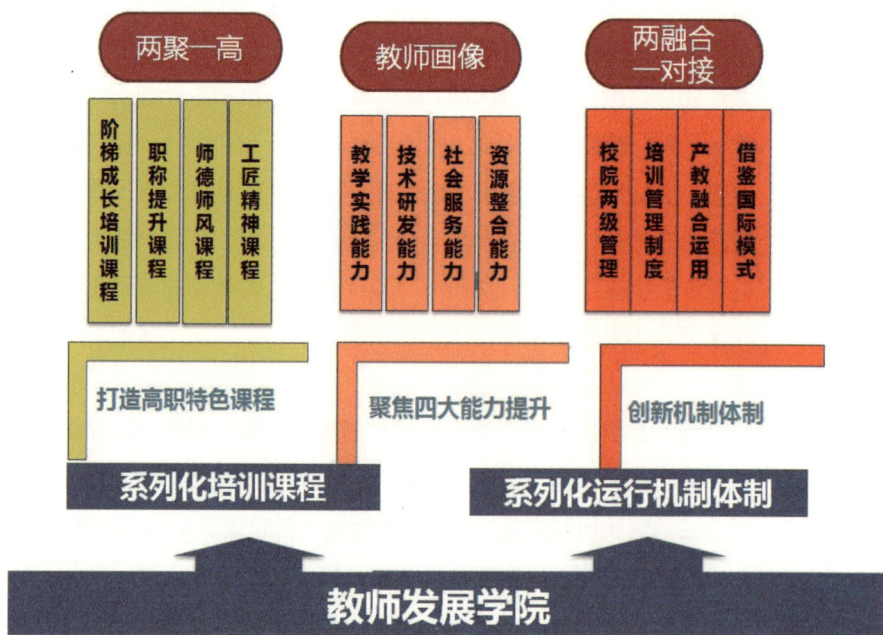

1. 图3-2-2
   教授博士沙龙，为学校发展建言献策
2. 图3-2-3
   特聘产业教授大国工匠顾秋亮指导我校学生实训
3. 图3-2-4
   教师发展学院建设构架

1. 图 3-2-5
导师马俊峰
（左）指导
学生参与校
企合作项目
"全自动阀芯
曲面抛光机"
设计制作
2. 图 3-2-6
导师徐安林
（右1）的导
师制项目课
程提升学生
实践能力

通过上述"人才强校"工程，学校师资队伍建设取得了明显成效，学校荣获首批"江苏省教育人才工作先进单位"称号，在 2015 年、2016 年江苏省高职院校人才竞争力排名中均位列第二名。

3.2.3 教科互促、建设团队，强化技术研发和教学转化

科研工作为教师教学工作提供了丰富的案例和实战经验，反哺了课堂教学和学生技术技能培养，实现了科研与教学的良性互动。近年来，学校已经建成 4 个江苏省高校优秀科技创新团队，10 个校级科技创新团队。通过导师制和项目化教学，让学生在完成正常课堂学习任务之外，课余时间到导师工作室进行专题研究性学习，并在导师指导下参加各类技术创新设计、研发、技能竞赛、技术服务等任务（图 3-2-5、图 3-2-6），有效地将科研成果转化为教学资源，将教学资源转化为人才培养成果。学校荣获 5 项国家级教学成果奖，参与了 10 项智能制造关键技术领域国家标准和行业标准制定，用实绩为中国智能制造高素质技术技能应用型人才、未来的大国工匠培养提供了智慧和方案。

3.3

一院一品

学校在探索高职人才培养规律的过程中，深刻认识到高素质技术技能型人才必须是"有理想、有本领、有担当"的生产、建设、管理和服务第一线能够将创新研究成果尽快转化为现实生产力的具有现代工匠精神、人文精神和科学精神、"做人"之道和"处世"之道相融合的全面发展的人。因此，学校在加强专业技术技能培养的同时，积极开展"一院一品"专业文化建设工程，各二级学院结合专业特点，开展岗位职业素养分析，归纳对应专业群的职业素养标

准，构建专业教育和职业素养教育一体化人才培养方案，开设"专业人文"课程，举办专业文化活动，营造专业文化环境，形成以职业素养教育为核心的独特专业文化，育"强国一代"，铸高职教育之魂。

3.3.1 装备制造类专业：让工匠精神成为信仰

工匠精神，是指对工作、事业的精益求精的态度，是把工作或一件事情、一门手艺当作信仰的追求。近年来，从《大国重器》的震撼到《大国工匠》的感动，人们清晰地感觉到"劳动光荣、技能宝贵、创造伟大"正在成为我国新的时代风尚。在"中国制造强国"已经成为国家战略的今天，作为有着60多年历史积淀、以制造类专业为主的无锡职院，大力弘扬"尚德务实、精益求精、勇于创新"的现代工匠精神，既是时代赋予我们高职教育的历史使命，也是传承学校优良传统、重塑职院精神的核心内涵，更是培育"有理想、有本领、有担当"高素质人才的重要体现。学校机械技术、控制技术、物联网技术、汽车与交通技术四大制造类专业群针对制造业文化特质，以培养"报效祖国的献身精神、精益求精的工匠精神、追求卓越的创新精神"为目标，通过校企合作、产教融合、工学结合、顶岗实践等模式，通过聘请大国工匠担任产业教授、建设机械工业文化园、特色实训基地文化等方式，将企业文化、工匠精神与专业教育有机结合，将工匠精神培养贯穿人才培养全过程。

机械技术学院凭借其办学历史最长，国家级重点、省级品牌特色专业最多的优势，提出"取机械规范、育行业栋梁"育人理念，建设了"机械工业文化园"，让学生在了解中国机械工业"大国重器"的辉煌历史中建立文化自信，不忘初心、秉持传统、聚焦发展。其数控专业从1994年创办以来，拿到了教育部质量工程所有项目，成为名副其实的获奖"大满贯"专业。2001年成功入选教育部教改试点专业，2006年成为首批国家示范专业，2007年牵头建设了第一个"国家数控技术专业教学资源库"，为我国高职专业教学资源库的建设提供了建设标准和范式。其相关研究成果"两级跨界互动模式的高职专业教学资源库建设与应用"获得国家级教学成果奖二等奖。数控技术专业教师团队被评为"国家级高等学校专业教学团队"。学生在全国职业院校技能大赛、省学科竞赛等赛项中的获奖数量在全国同类专业中遥遥领先，成为现代装备制造企业高级技术技能型人才培养基地。2015江苏省年度人物提名奖获得者、2013级数控设备应用与维护专业的王康在校期间成功申请16项专利，被誉为高职校园里的"爱迪生"。

控制技术学院在学生培养过程中，注重培养学生的创新能力，探索"虚拟创新班"人才培养模式，建设了"智能制造工程中心"，通过创新教育"进课程、建平台、立项目、创机制"工作思路，实行导师制课程、企业实习学分互换、大学生创新训练项目、科技项目学生助研、以赛促学等教学改革，创造良好的创新学习环境，学生创新成果突出，获全国"挑战杯"、全国职业院校技能竞赛、江苏省本专科院校优秀毕业设计、江苏省大学生创新训练项目、亚太大学生机器人大赛等省级以上奖项超过 60 项（图 3-3-1）。机电 50432 班许武同学在校期间获得 5 项国家专利成为当年校园十件大事之一；生产过程自动化专业 2009 级学生韩园，毕业后创立的"舌尖果园"2016 年入选江苏省大学生创业先进典型，控制学院成为智能制造创新人才培养的高地。

物联网技术学院围绕长三角物联网产业对物联网高端技能人才的需求，积极主动为地区先导产业服务，物联网技术专业群短短几年建设，成功列入江苏高校品牌专业建设工程一期项目。在人才培养中，通过专业课程体系的解构与重构，构建了物联网专业群课程体系（图 3-3-2），通过开放性核心课程"平台"建设与各专业方向性"模块化课程"和"课程模块化"架构，实现底层共

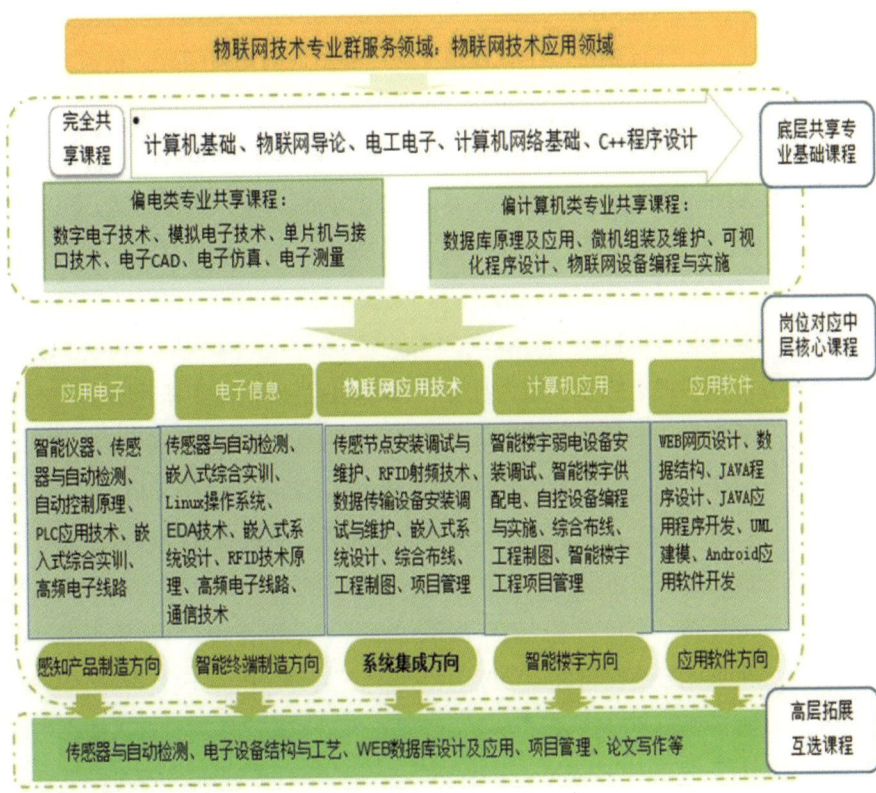

2

物联网技术专业群服务领域：物联网技术应用领域

完全共享课程 · 计算机基础、物联网导论、电工电子、计算机网络基础、C++程序设计 → 底层共享专业基础课程

偏电类专业共享课程：数字电子技术、模拟电子技术、单片机与接口技术、电子CAD、电子仿真、电子测量

偏计算机类专业共享课程：数据库原理及应用、微机组装及维护、可视化程序设计、物联网设备编程与实施

岗位对应中层核心课程

应用电子	电子信息	物联网应用技术	计算机应用	应用软件
智能仪器、传感器与自动检测、自动控制原理、PLC应用技术、嵌入式综合实训、高频电子线路	传感器与自动检测、嵌入式综合实训、Linux操作系统、EDA技术、嵌入式系统设计、RFID技术原理、高频电子线路、通信技术	传感节点安装调试与维护、RFID射频技术、数据传输设备安装调试与维护、嵌入式系统设计、综合布线、工程制图、项目管理	智能楼宇弱电设备安装调试、智能楼宇供配电、自控设备编程与实施、综合布线、工程制图、智能楼宇工程项目管理	WEB网页设计、数据结构、JAVA程序设计、JAVA应用程序开发、UML建模、Android应用软件开发
感知产品制造方向	智能终端制造方向	系统集成方向	智能楼宇方向	应用软件方向

传感器与自动检测、电子设备结构与工艺、WEB数据库设计及应用、项目管理、论文写作等

高层拓展互选课程

1. 图 3-3-1 控制学院自主研发的全国职业院校技能大赛工业机器人技术应用赛项平台
2. 图 3-3-2 物联网专业群课程体系

享、中层分立、高层互选的专业群课程结构，使学生既有专业群行业背景的共性知识和技能，又具有不同岗位的特定知识与技术，提高了学生岗位职业能力与职业迁移能力，促进了专业群内各学科之间的交叉、渗透和融合，以此来改变原计算机应用专业和电子技术类专业人才培养方案课程设置重复建设和共享度不高的问题，成为紧贴地方经济发展需要的专业课程改革的"物联网样本"。应用电子专业的 3D 打印机发明人渠超颖同学在校 3 年主持或参与了江苏省大学生创新创业训练计划 4 项，完成科技创新作品 7 个，个人申请发明专利 2 项，申获实用新型专利 9 项，成为全国高职学生"劲牌阳光奖学金"暨"践行工匠精神先进个人"，成长为同学们的青春榜样。

汽车与交通学院深耕校企合作育人，将企业 5S 管理模式引入专业课堂、实训教学、寝室管理、社团活动，培养精益求精的工匠精神。建有汽车文化教室和文化长廊，在实验实训场所实行 5S 管理与考核。他们还与德国奔驰、大众等汽车制造商、一汽解放汽车有限公司无锡柴油机厂、无锡威孚高科技集团股份有限公司、无锡市公共交通集团有限公司、无锡中车新能源汽车有限公司、上海汽车集团股份有限公司等 30 多家国内外知名企业开展合作育人，培养职业素养。学校成为戴姆勒铸星教学项目学校，中德汽车机电合作项目优秀学校和示范学校，成为深耕校企合作育人的标杆。

3.3.2 财经管理类专业：诚信至上的服务文化

"工匠精神"不仅体现在对产品制造的精雕细琢、精益求精，还包含着对职业敬畏、对工作执着、对顾客负责的态度。多年来，财经、管理两个学院在培养财务、营销类人才时，不仅注重管理和营销的技术技能培养，更关注学生职业道德、法治观念的培养，提出"诚信为本，操守为重；坚持准则，不作假账"的职业要求。会计人员天天要跟钱、权、利打交道，如何在诱惑面前能够不为所动，能够控制私心"一闪念"，并非易事。因此，财经、管理学院通过常态化"讲道理、明事理、同进步"的"道理课堂"，树立"君子爱财，取之有道，视之有度，用之有节"的金钱观、价值观，培养学生法治观念、团队精神和敬业精神；通过"全程—开放"校企合作人才培养模式，让学生在顶岗实习中"带着心去做""极度注重细节，不断追求完美和极致"。他们还成立"向日葵"义工站，常态化大学生志愿服务，将思想政治教育和锻炼学生社会实践能力结合，将学校教育和社会教育有机结合，使其在实践中了解国情民意、服务社会、奉献青春、磨练品格，提升了青年学生综合素质水平。近三年毕业生供求比始终保持在 1∶5 以上，连续三年毕业生一次就业率达 99% 以上，专业对口率超 80%，大量毕业生已成长为企业家和优秀管理人才。

3.3.3 外语旅游设计类专业：培育文化自信和包容胸襟

外语旅游类专业坚持外语与专业并重，理论知识与实践技能齐强，紧紧抓住当前高端服务业的跨国转移趋势，借鉴国外优秀文明成果，开展多元文化教育和交流活动，让学生在与不同地区、国家、民族，不同信仰的多元文化相互对话、交流、合作中开阔视野，学会理解、尊重和包容异质文化。同时加强中华优秀传统文化教育，在东西方优秀文化的浸染下，建立自信而又开放的心态。主动响应国家"一带一路"倡议，对来自世界各地的海外留学生，坚守中华文化立场，通过课程、活动、人际交往传播中华文化，展现中国智慧，弘扬中国精神，传播中国价值。通过中外文化相互交流、相互切磋，让中国优秀传统文化同世界各国优秀文化一道造福人类。

艺术设计类专业准确把握世界文化创意设计产业发展特点与趋势，坚持"只有中国的，才是世界的"文化育人理念，加强艺术类学生对中华优秀传统文化、区域文化、民族文化学习与研究，注重挖掘传统手工艺、传统建筑、传统艺术产品中的中国元素，传承中华文化基因，为行业、企业和设计机构培养具有中国特色、中国风格、中国气派的，从事产品造型设计、包装设计、广告策划、环境艺术设计、数字媒体艺术的设计专业人才。

通过"一院一品"专业文化建设，学校形成了和而不同、各美其美的专业群育人文化生态，助力青年学子成长成才，实现人生出彩（表3-3-1）。

表3-3-1　各学院专业分布一览表

院系名称	专业名称
江苏大学无锡机电学院（本科）	机械设计制造及其自动化、物联网工程、机械电子工程、软件工程、市场营销、电气工程及其自动化
机械技术学院	机械制造与自动化、数控技术、模具设计与制造、材料成型及控制技术、光电制造与应用技术数控设备应用与维护、机械设计制造（中外合作办学、机械制造与自动化）
控制技术学院	机电一体化技术、电气自动化技术、生产过程自动化技术、智能控制技术、工业机器人技术、机电设备维修与管理、自动化生产设备应用、供热通风与空调工程技术、自动化类（中外合作办学）、电气自动化技术
物联网技术学院	物联网应用技术、电子信息工程技术、应用电子技术、微电子技术、计算机应用技术、计算机网络技术、软件技术、移动应用开发、云计算技术与应用
汽车与交通学院	汽车检测与维修技术、汽车检测与维修技术（3+2）、汽车营销与服务、汽车电子技术、新能源汽车技术、直升机驾驶技术、飞机机电设备维修
管理学院	物流管理、电子商务、连锁经营管理、市场营销、工商企业管理、市场营销类（中外合作办学、市场营销、营销管理）
财经学院	金融管理与实务、财务管理、会计、会计/会计学（3+2）、国际贸易实务
外语与旅游学院	商务英语、商务日语、应用德语、应用法语、旅游管理、酒店管理、空中乘务

院系名称	专业名称
艺术与设计学院	广告设计与制作、数字媒体艺术设计、室内装饰设计、数字媒体艺术设计（中外合作办学）、产品艺术设计

3.4 创新创业

随着经济转型和产业结构升级，各行各业对拔尖创新技术技能人才的需求越来越迫切。为强化拔尖创新学生培养，学校在原有虚拟创新班的试点经验基础上，于2018年创建了"开源创新学院"，由8个二级学院分别与相关龙头企业合作，组建各具特色的创新班，每个创新班不超过30人（图3-4-1）。创新学院实施柔性组班、导师引领、目标导航、项目驱动模式，从每一届入学新生中选拔优秀生源，整合优质资源，打造杰出人才，以"专业知识、实践能力和人文素养融合发展"育人理念，培养思想品德好、技术应用能力强、技艺精湛、具备国际竞争力的拔尖创新技术技能人才。

开源创新学院建有专用教室、研讨室、创新工作空间等专享学习场所，各专业学院建有校内创客空间或特色实验实训室，并与校外优秀企业共建校外创新创业实践基地。通过独立开放的学习场所和丰富的学习资源，努力营造朝气蓬勃、勇于探索、开拓创新、追求卓越的文化氛围，激发创新学院教师和学生

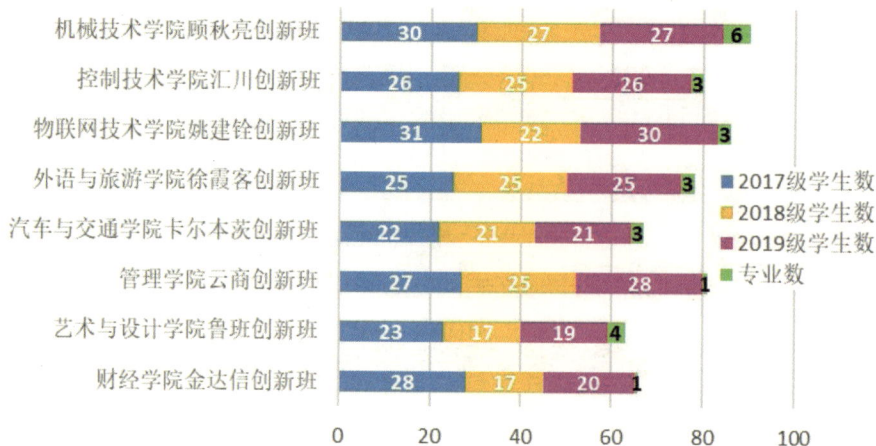

1. 图3-4-1
创新班学生
及所属专业
数量情况

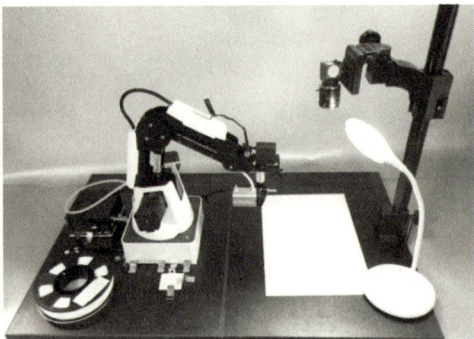

的积极性和创新能力。下图3–4–2至图
3–4–5为开源创新学院"机器人创新工作
空间"的部分设备展示。

　　创新班实行严进严出，强化竞争意
识，在评优评奖、实验实训条件、图书借
阅、创新创业等方面予以倾斜。学生可跨
专业选修专业课程（项目），实施弹性学
制，放宽学生修业年限，允许学生调整学
业进程、保留学籍休学创新创业等。同时，
创新班通过不定期举办专题讲座、组织学
生外出参观交流等丰富的学术活动进一步
拓宽学生视野，提高学生创新意识与能力
（图3–4–6、图3–4–7）。

　　开源创新学院的优质资源配置及人才培养模式改革大大地激发了学生的
内生学习动力，也取得了丰硕的成果。围绕着"六个一"即"参与一项纵横
向课题，发表一篇研究论文，申请一项国家专利，获得一项省级以上创新创
业大赛奖励（含技能大赛），主持一个创新创业训练计划项目，实施一个创
业实践项目"，在不到3年的时间里，有127名同学申获国家专利116项；

1. 图3–4–2
　 NAO人形机
　 器人
2. 图3–4–3
　 视觉引导机
　 器人
3. 图3–4–4
　 EAI移动机
　 器人
4. 图3–4–5
　 组合式竞赛
　 机器人
5. 图3–4–6
　 顾秋亮创新班
　 学生赴清华大
　 学参加创新实
　 践培训
6. 图3–4–7
　 创新班学生
　 制作作品

157 名同学参加各类省级以上大赛并获奖；73 名学生申获或参加省级以上创新创业训练计划 28 项，撰写学术论文 87 篇；37 名同学参加了 12 项各级各类纵横向课题；45 名同学参与了创业实践项目 14 项。

3.5 国际合作

改革开放 40 年来，随着中国在更大范围、更深程度加入经济全球化进程，中国教育"走出去""请进来"的步伐不断加大。20 世纪 90 年代，学校被作为德国"双元制"办学模式试点学校，迈开了国际交流合作第一步。

21 世纪初，学校加入了总部设在美国的国际教育交流组织——美国社区学院国际发展联盟（简称 CCID），进一步扩大国际交流范围（图 3-5-1）。2005 年，学校与澳大利亚新南威尔士州 TAFE 学院合作开办了国际商务专业，紧接着，学校与美国、德国、丹麦、日本等 30 多个国家及地区的 100 余所院校建立了友好合作关系，开展了 8 个中外合作办学项目。2012 年 6 月，中美合作办学项目首届 35 名学生毕业（图 3-5-2），学校正式入选全国首批"中美高素质技能型、应用型人才联合培养百千万交流计划"中方项目院校。

2014 年，经省教育厅审批，学校开始招收海外留学生。目前，来自印度尼西亚、老挝、尼日利亚、加纳等 15 个国家的留学生达 800 多人（图 3-5-3 ~ 图 3-5-6）。2016 年，学校获评"来华留学生教育先进集体"（图 3-5-7）。2018 年，无锡职业技术学院爱尔兰学院正式成立，成为全国 8 所开办非独立法人中外合作办学机构的高职院校之一（图 3-5-8）。另外，海外办学也取得了丰硕成果。无锡职业技术学院—德龙印尼学院、泰国达信分院、无锡职业技术学院—宁朗（泰国）公司人才培养基地、马来西亚管理与科学大学汉语中心、印尼特里萨克迪教育集团汉语中心等海外分校、中心相继成立（图 3-5-9）。学校获评"江苏省教育国际合作交流先进学校"。

从送学生走出国门交流学习，到招收海外留学生，再到参与"一带一路"倡议建立海外办学机构，学校的国际合作规模逐步扩大，合作层次逐步提升，办学模式也日趋多样化，学校的国际影响力持续扩大。

近年来，学校加大力度支持中外学生互换、文化考察、海外实习研修等活动。依托中外合作办学项目、国际组织和合作院校，学校与多个国家 20

1. 图3-5-1
   2012年，学校成为美国社区学院国际发展联盟（CCID）中国分中心
2. 图3-5-2
   2012年6月，中美合作办学项目首届35名学生毕业
3. 图3-5-3
   2014年3月，朱爱胜书记出席中国—印尼高等教育合作洽谈会并代表学校与印尼近十所学校签署合作协议
4. 图3-5-4
   2015年10月，承办第三届海峡两岸高等职业教育校长联席会
5. 图3-5-5
   2016年10月，东盟青年使者88名代表来校访问交流
6. 图3-5-6
   外国留学生学习中国文化

余所全球国际较高水平大学开展了交流生项目（图3-5-10）。学校有近200名学生赴国外境外参加竞赛、游学、学分互认及留学，增强了学生的国际化素养和能力。

2015年，受江苏省教育厅的委托，学校开展了"江苏职业院校引进国际通用职业资格证书分析研究"，以国际水平跨国企业和外向型企业人才要求为目标，从方法论层面提出了对接国际证书的专业课程开发模式。目前学校已有12个专业对接国际证书，对接试点的成效逐步显现，获取国际证书的毕业生就业竞争力明显提高，学校对中国职业教育和区域经济社会发展的贡献度越来越显著。2016年至2018年连续3年入围全国高等职业院校"国际影响力50强"（图3-5-11）。

1. 图3-5-7
   2016年12月，
   获评来华留
   学生教育先
   进集体
2. 图3-5-8
   2019年6月，
   与爱尔兰阿
   斯隆理工学
   院举行签约
   仪式
3. 图3-5-9
   2017年12月，
   我校首个海
   外人才培养
   基地"无
   锡职业技
   术学院—宁
   朗（泰国）
   人才培养基
   地"在泰国
   成立
4. 图3-5-10
   2018年3月，
   丹麦科灵商
   业学院师生
   代表团来校
   交流
5. 图3-5-11
   三年入围全
   国高等职业
   院校"国际
   影响力50强"

3.6 学业精进

为满足学生学历提升需求，学校通过多种途径和方式构建了便捷、通畅、完善的"专科—本科"学历提升通道，与南京大学、南京理工大学、南京财经大学、南京审计大学、南京信息工程大学、南京林业大学、江南大学、扬州大学等高校开展学历提升合作，开通了"专转本""专接本""专升本"等升学方式，并提供相关培训课程，提高学生录取率。近几年，学生专转本录取率占报考人数的 70% 左右，转本升学率在江苏省领先，专接本、专升本考试通过率 90% 以上。

3.6.1 相关政策解读

专转本是江苏省教育考试院统一组织管理的选拔性考试，考试选拔对象为全日制普通高校高职（专科）三年级在籍学生。专科学生被本科院校录取之后，进入该本科院校转到大三就读，两年后本科毕业，专转本毕业后第一学历是本科，属于全日制本科。江苏省专转本报名时间一般在 1 月份（即专科三年级的第二学期），考试时间为 3 月中旬，录取与通知书发放一般在 5—7 月。

专接本是省考委和省教育厅在全省普通高校中开展的，全日制在籍专科学生在能够完成专科阶段学习的同时，接读自学考试本科专业教育的工作。列入国家计划、经省招生部门正式录取的各类专科学校在籍学生，由专科学校在主考学校的指导下组织教学与辅导，完成本科学习，经考试合格后，可获得本科毕业证书，符合学位规定者可申请学士学位。

专升本是成人高校招生三种类型中的一种，即专科起点升本科，简称"专升本"。通过全国统一招生考试而取得入学资格，经过在校（籍）学习，成绩合格，可获得教育部电子注册、国家承认的本科学历文凭。第一学历是专科，第二学历本科，属于非全日制学历。

3.6.2 学校优势

学校历来重视学生"专转本"工作，制订了《无锡职业技术学院普通高校"专转本"自主招生推荐工作实施办法（修订）》，由学校组织推荐，鼓励同学们提升学历。相关部门各司其职，共同做好"专转本"工作。各二级学院积极开展考试动员工作，及时传达"专转本"的相关信息；基础课教学部还组织优秀教师为学生开设"专转本"考试课程辅导班，负责面向全校学生的专转本政策咨询，指导帮助学生填报转本志愿；另一方面针对学校学生基础特点，对专转本考试科目进行强化辅导；学生处则协同教务处开展"专转本"的推荐、报名、打印准考证等工作，保证学校"专转本"工作顺利、高效开展。

与"专转本"相比，专接本、专升本具有以下三点优势：

（1）在校三年即可拿到本科学历，比"专转本"少两年时间。

（2）学费标准远远低于民办高校的收费标准。

（3）部分课程免修；部分课程的校考成绩按一定比例计入课程成绩；学习负担轻，没有工作、家庭等因素的干扰；考试通过率高，达到90%以上。

相关专业情况如表3-6-1至表3-6-3所示。

表3-6-1 "专接本"招生专业

序号	招生专业名称（专科段）	对接专业全称（本科段）	接本院校	学费（元/学年）
1	计算机应用技术	信息管理与信息系统	南京信息工程大学	4 200
2	软件技术			
3	物联网应用技术			
4	应用电子技术			
5	电子信息工程技术			
6	计算机应用技术	计算机科学与技术	扬州大学	4 500
7	软件技术			
8	物联网应用技术			
9	应用电子技术			
10	电子信息工程技术			
11	电子商务	人力资源管理	南京大学	4 200
12	连锁经营管理			
13	物流管理			
14	工商企业管理			
15	市场营销			
16	旅游管理			
17	酒店管理			
18	会计	审计学	南京审计大学	4 200
19	财务管理			
20	金融管理			

序号	招生专业名称（专科段）	对接专业全称（本科段）	接本院校	学费（元/学年）
21	汽车检测与维修技术	交通运输（汽车运用工程方向）	南京林业大学	4 200
22	汽车技术服务与营销			
23	机电一体化技术	电气工程与自动化	南京理工大学	4 500
24	生产过程自动化技术			
25	智能控制技术			
26	工业机器人技术			
27	机电设备维修与管理			
28	自动化生产设备应用			
29	数字媒体设计专业	动画设计	江南大学	4 800
30	视觉传达设计专业			
31	环境艺术设计专业			
32	产品艺术设计专业			
33	材料成型与控制技术	机械制造与自动化	扬州大学	4 300
34	数控设备应用与维护			
35	模具设计与制造			
36	机械制造与自动化			
37	数控技术			

招生对象：专科在籍二年级学生。

学习方式：脱产学习，注册入学，参加自考统一考试。

表3-6-2　专升本招生专业

序号	专业名称	本科院校	学习方式	学制（年）	学费（元/年）	入学考试科目
1	物流管理	南京财经大学	业余	2.5	2 000	政治/外语/高数（二）
2	工商管理					
3	人力资源管理					
4	市场营销					
5	管理科学					
6	电子商务				2 200	

招生对象：具有专科学历的应（往）届毕业生。

表3-6-3　自考助学招生专业

序号	专业名称	本科院校	学习方式	学制（年）	学费（元/年）	考试科目
1	电气自动化	南京理工大学	业余	2	4 500	所有学位课程

招生对象：专科在籍二年级学生。

3.6.3 转专业

"兴趣是最好的老师。"对大学生来说，对专业的兴趣在一定程度上决定能否学好、工作后能否干好。但从目前来看，高中生填报高考志愿存在较大的盲目性，很多考生对自己的特长和兴趣并不清楚，更没有时间和机会对各个专业进行详细了解，加上高考成绩以及录取时的不确定性等，造成了部分大学生对录取专业不甚满意。为了给大学生提供更多选择调整的机会，学校出台了《无锡职业技术学院学籍管理办法》，对学生转专业做出了相关规定，最大限度地满足学生个性化成长成才需求。具体操作流程参见学生手册。

勤助驿站　　3.7

3.7.1 奖助学贷

学校十分重视贫困生资助工作，认真落实国家各项资助政策，坚持物质资助与精神激励、经济帮扶与道德培养、政府资助与社会捐助等资助思路，建立起包括国家奖学金、国家励志奖学金、国家助学金、国家生源地助学贷款、勤工助学、特困生补助、伙食补贴、校内助学金、学费减免、学费补偿贷款代偿等10多项举措的资助工作体系（图3-7-1、图3-7-2），并开通了新生入学"绿色通道"，全校奖助学金覆盖面超过50%。

3.7.2 勤工助学

勤工助学是高等学校组织学生利用课余时间参加校内助教、助研、助管、实验室、校办产业生产活动、后勤服务等社会实践活动的举措，学生通过自己的劳动取得合法报酬，改善学习和生活条件。勤工助学是学校学生资助工作的重要组成部分，是提高学生综合素质和资助家庭经济困难学生的有效途径。

1. 图3-7-1 物联网技术学院"诚信助贷，寄语你我他"签名教育活动
2. 图3-7-2 控制技术学院、管理学院等学院组织学生集中观看"谢谢您，我的祖国——江苏省第五届学生资助成效汇报"

　　为培养大学生的劳动观念和自强自立精神，资助在校大学生（尤其是家庭经济困难学生）顺利完成学业，学校出台了《无锡职业技术学院勤工助学管理规定》。勤工助学工作岗位设置原则上以校内为主，除学校统一组织的校外勤工助学工作外，不提倡学生个人到社会上自谋岗位。校内岗位分固定岗位和临时岗位。各部门根据本单位实际情况，在每年的九月份提出勤工助学固定岗位及上岗人数需求并报送校学生处，学生处对各部门上报的固定岗位及人数进行审核，审核后在全校进行公布。学生勤工助学岗位不包括高空作业、严重污染、辐射等极易对人体造成伤害和危害的特殊行业和专业劳动。勤工助学薪酬标准为250元／月或10元／小时。

文化是人类社会的一种存在方式，人创造了文化，文化也创造了人。人总是生活在一定的文化氛围和文化群落之中，受其所处的文化生态影响而悄悄发生着演化和进化。人接受教育过程实质上是文化"内化"的过程。著名学者鲍鹏山说，"文化是一个能够激发我们感情的崇高东西，它和知识不一样。一个有文化的人，你会发现他的生命力是非常旺盛的，他不是冷冰冰的，而是富有激情与情怀，对这个世界充满了爱和诗意的眼光。"

4.1 育人目标

无锡职院客座教授、华中科技大学原校长杨叔子院士（图4-1-1）曾经说过，"没有科技、没有科技教育，没有科技人才，没有掌握高科技的高层次人才，经济就会落后，国防就会落后，实力就会软弱，生活就会贫困，我们就会愚昧无知，就会落后挨打！同

样，没有精神文明，没有文化素质教育，没有具备高的文化素质的人才，就等于没有灵魂，就等于迷失方向，就可能走上邪路，就可能犯下不可饶恕的、无法弥补的错误与罪行！这不但要挨打，而且可能亡国！乃至给人类带来深重的灾难！"

长期以来，我国高等教育人才培养存在着一些偏颇与不足，其中工科院校中人文教育薄弱尤其突出，大学生的文化底蕴、人文精神以及关心社会、关心人类的态度有逐步萎缩的危险。而高职教育更是普遍存在重视专业技能、忽略人文知识和社会知识、重做事轻做人等倾向。要解决这一问题，文化素质教育无疑具有举足轻重的作用。

4.1.1 一幅复合人像引起的思考

2009年，傅筱书记参加了江苏省委组织部在瑞士组织的高职院校党委书记院长培训班学习。在世界闻名的瑞士洛桑酒店管理学院学习考察期间，聆听了该校校长 Ruud Reuland 关于学校办学理念和特色等方面的经验介绍，他的 PPT 中一张由爱因斯坦和蒙娜丽莎的复合人像引起了傅书记的关注。画面上，爱因斯坦深邃的目光与蒙娜丽莎迷幻的微笑神奇地结合在一起，给人带来强烈震撼（图4-1-2）。

1. 图4-1-1
   2012年杨叔子院士接受学校客座教授聘书

据 Ruud Reuland 校长介绍说，"教育是一种艺术、也是一门科学，就如爱因斯坦和蒙娜丽莎头像的结合，是科学的头脑和人性之美的结合。"作为一名高职院校的管理者，傅书记对此感同身受。她认为，高职院校的人才培养也应如此。高职教育培养的是职业人，而不是职业机器，未来的企业家和员工必须具备高度的责任感、健全的人格、足够的智慧，才能保持良好的可持续发展能力。高职教育要把"科学和人文"有机结合，以文化整体育人，不仅培养学生的职业能力，更要培养学生职业道德、创新精神和对国家、对民族负责的社会责任感。

随后，学校党委提出了"以文化素质教育为突破口，全面推进素质教育"的教学改革思路，成立了文化素质教育领导机构和专职部门，一个个与高职育人规律接轨的优化人才培养的制度和措施相继出台，从人才培养方案重构，到文化素质教育学分纳入教学计划，再到以学分奖励方式激励学生参与社团活动和各项比赛评价办法的制订，确保了素质教育工作有效推进，取得了初步成效，师生们对职业能力和综合素质协调发展有了新的认识，学校精神面貌和校园文化氛围明显改善。

4.1.2 "不能照搬普通本科做法"

文化育人是一个系统工程。高职素质教育还存在课程体系贪大求全、文化活动品质不高、职教特色彰显不足等诸多不足。为了彻底改变"重专业技能训练、轻人文素质提高"等现状，2012 年，学校党委书记朱爱胜指出：高职文化素质教育不能照搬普通本科院校的做法，要深入研究符合高职学生特点和高职人才培养目标的素质教育理念、方法、途径。

在文化素质教育理念、方法和途径上，高职院校可以借鉴普通本科教育的成功经验和做法，但不能完全照搬。因为两种教育的人才培养目标不同、学制不同、教学模式也不同，本科教育主要培养高素质研究型人才，高职教育主要培养高素质技能型人才，研究型人才要靠大量知识与领域拓展来培养思辨能力，技能型人才主要靠大量实践与面向实际来训练动手能力，因此高职院校的文化素质教育的内涵有别于普通本科，要体现职教特色，要同高职院校的服务面向相结合，使其具有较为鲜明的时代性、区域性、高职特殊性特色。具体体现在三个方面：一要根据学制和专业特色进行文化素质课程教学内容的广度和深度设计，切忌"多而滥"，要求少而精；二要强调"在专业课程中渗透人文精神"和实训实习岗位"养成教育"；三要密切结合职业道德教育进行公民教育，着重从"区域文化""企业文化"和"专业文化"三个方

1. 图4-1-2 爱因斯坦和蒙娜丽莎的复合人像

面，传承优秀传统文化精华，培养职业情感和敬业创业精神，提高学生人文修养和职业素质。

（《中国教育报》2012年12月12日第5版）

为此，学校坚持文化创新发展，促进学生文化自信自觉，确立了"一元两维三面向"的文化育人目标。"一元"指以社会主义核心价值观培养统领育人全过程，"引导和帮助学生把握好人生方向，特别是引导和帮助青少年学生扣好人生的第一粒扣子"；"两维"一要为学生终身发展奠定基础，满足多元需要，二要为产业结构调整培养相匹配的合格、特色人才；而"三面向"则是指面向未来区域经济社会发展，面向中国制造强国建设，面向高职学生职业精神与职业技能融合发展，培育有文化、守纪律、追求卓越的高素质技术技能的"强国一代"。具体内涵体现在四个方面：一是传承中华优秀传统文化，培养担当复兴大任的时代新人；二是融合行业文化，培育拥有工匠精神的职业人；三是融合区域文化，培育"尚德务实和谐奋进"的无锡人；四是吸收多元文化，培育具有国际视野的卓越技术技能人才。

育人体系   4.2

按照时代性、区域性、高职特殊性三个维度的思路，学校开展了文化育人系统化设计。通过学校精神文化、理念文化、制度文化、行为文化、环境文化等方面的理论研究和实践探索，培育具有高职教育特色和校本特色的教学文化、学生文化、教师文化、专业文化、社团文化、网络文化、环境文化。以文化生态理念构建并践行了适合制造类高职院校、与专业教育体系有机融合的"一体两翼三融合"文化育人体系（图4-2-1）。

4.2.1 "一体两翼"文化育人体系

"一体"指的是以课堂教学为主体。学校以"文化课程"+"课程文化"的工作思路，夯实文化育人主渠道。一方面通过开设人文、艺术等文化课程，提高学生人文素质。另一方面以"课程文化"理念，挖掘每一门课程的文化内涵，在专业课程和实训课程中挖掘人文精神，实现专业教育与文化育人的有机贯通，形成价值引领、文化熏陶、专业渗透的文化素质教育课程体系。

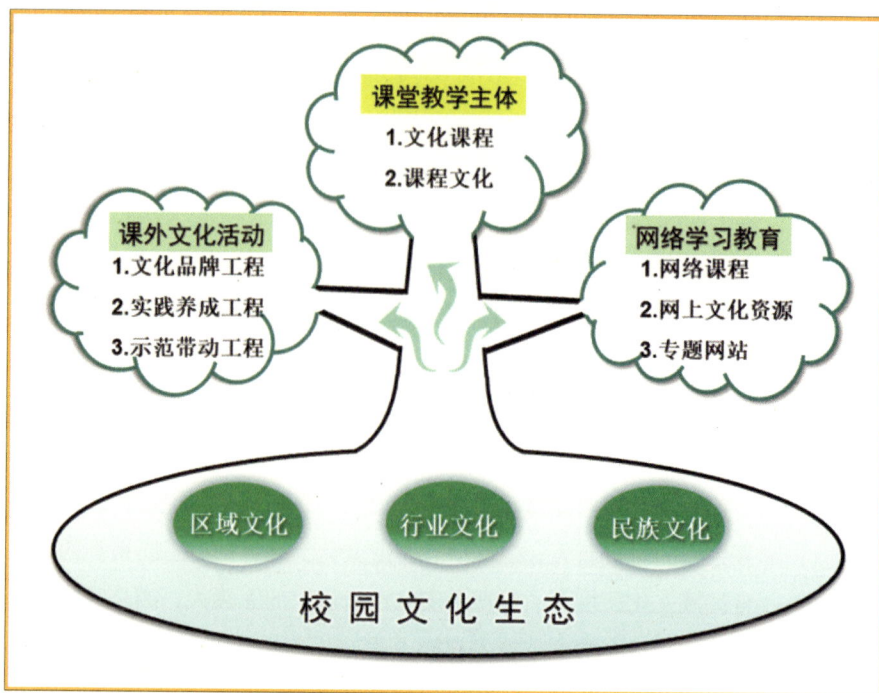

1. 图4-2-1 基于文化生态理念的"一体两翼三融合"文化育人体系

课堂教学主体
1.文化课程
2.课程文化

课外文化活动
1.文化品牌工程
2.实践养成工程
3.示范带动工程

网络学习教育
1.网络课程
2.网上文化资源
3.专题网站

区域文化　行业文化　民族文化

校园文化生态

　　"两翼"指的是课外文化活动和网络文化学习。通过校园文化活动和"互联网+"等手段，使文化育人从课内延伸到课外，从校内延伸到校外，从线下延伸到线上。开展形式多样的课外文化活动，并通过文化品牌工程、实践养成工程、示范带动工程，以"星期二讲堂""五四科技文化艺术节""吴韵流芳—锡剧之美""寒假感恩行"等品牌活动，提升校园文化活动质量。学校加强了网络文化建设。自主开发建设线上网络课程近百门，引进尔雅通识教育课程20多门，开设"第三虚拟学期"，让大学生利用手机和课余时间自主学习网络通识课。建设了文化与艺术教育专门网页、微信公众号等。图文信息中心建设了百部中外名著在线阅读资源库、大型人文社科优秀电视节目在线收看等，营造具有时代特征的网络文化生态。

4.2.2 "三融合"文化育人特色

　　多年来，学校充分挖掘行业企业文化、区域文化、民族文化等优质资源，并将它们融入课堂、活动、校园环境和网络。

　　一是融合行企文化元素，培养工匠精神和职业素养。学校坚持"学生的家园，企业的伙伴"办学理念，传承百年工商智慧和实业报国情怀，以"开源创新学院"为抓手，以骨干专业为载体，重点建设特色专业文化资源，开发"中国制造强国建设""微电子学与纳米技术革命"等"智造中国"系列课程（专题）。定期邀请行业企业高管、杰出校友、大国工匠、技能大师进课堂言传身教，开展"名企名家进名校""杰出校友报告会"系列讲座，聘请"大国工匠"

顾秋亮等一批技能大师担任学校教师，在专业课中渗透绿色制造、循环经济新理念，在专业实训、工学结合和顶岗实习中培养严谨、务实的工作作风和心智技能。在实训场所引入 5S 管理，培养大学生职业规范、职业情感、质量意识、环保意识和可持续发展理念。在校园环境文化建设中，与合作企业共建校园文化广场、人文景观、校园道路、实验实训室，设立企业奖学金等，激励青年学子树立制造业强国的历史担当意识和社会责任感，提高学生"软技能"。

二是融合区域文化精髓，培育文化自信与责任担当。区域文化是中华优秀传统文化的代表和缩影，学校把区域文化教育作为接受中华优秀传统文化教育的切入点，以社会主义先进文化为引领，积极探寻"吴文化"与社会主义核心价值观相结合的契合点，把"经世致用、实业报国"等民族工商业爱国主义精神和"风声雨声读书声声声入耳，家事国事天下事事事关心"的东林精神，以及改革开放以来乡镇民营企业的"四千四万"创业精神、"舍我其谁"的担当精神融入校园。开设地域文化特色课程，从感性接触的"无锡方言"选修课，到概论性质的"吴文化系列讲座"，再到"无锡商帮文化研究"课程，使学生对无锡区域文化有一个由表及里、由可感的物质层到抽象的观念层的深化过程。同时举办"吴韵流芳—锡剧之美"讲座，建设校内无锡名人苑、惠山泥人体验馆、无锡院士馆等文化育人基地，并充分挖掘地方历史文化资源，与东林书院、华西村、秦邦宪故居等 20 多家当地文化单位共建校外素质教育基地，使学生从区域文化中了解中华文化人文精神（图 4-2-2、图 4-2-3）。论文《试论高职院校校园文化与区域文化的对接和交融》获得 2010 江苏省高校校园文化建设论坛论文二等奖，《以区域文化教育为重点，探索高职文化素质教育新途径》获得 2011 年全国机械职业教育素质教育教学成果奖一等奖。

三是融合民族文化精华，培养文化认同和家国情怀。习近平总书记多次强调，中华优秀传统文化是我们最深厚的文化软实力，是中国特色社会主义植根的文化沃土，也是我们在世界文化激荡中站稳脚跟的根基。要"培育和弘扬社会主义核心价值观必须立足中华优秀传统文化""努力用中华民族创造的一切精神财富来以文化人、以文育人"。

1. 图 4-2-2
   学生积极参加文明践行工程签名活动
2. 图 4-2-3
   与东林书院联合举办中华魂爱国情经典诵读活动

中华优秀传统文化博大精深。中华民族世世代代在生产生活中形成和传承的世界观、人生观、价值观、审美观，是中华民族最核心的文化基因。新时代"富强、民主、文明、和谐，自由、平等、公正、法治，爱国、敬业、诚信、友善"的社会主义核心价值观，与中华民族千百年传承的理念和价值观相契合，构成了中国人独特的精神世界。自强不息的奋斗精神，精忠报国的爱国情怀，天下兴亡、匹夫有责的担当意识，大同社会、天下为公的社会理想，以人为本、为政以德的治国理念，居安思危、存不忘亡、治不忘乱的忧患意识，与人为善、己所不欲、勿施于人，和而不同、求同存异的东方智慧和处世之道，天道酬勤、商道酬信、业道酬精的敬业要求，是培养社会主义核心价值观的文化沃土。只有深入了解这些耳熟能详的成语背后的中国故事，深刻认识中华民族的历史传统、文化积淀和基本国情，才能深刻认识中华文化拥有的独特魅力和突出优势，深刻理解中华民族最深沉的精神追求，从而自觉担当起中华民族的复兴大任。学校开设了"中国传统文化与人生智慧""跨文化交流"等课程，为留学生开设"国学""国画""书法"等课程，让学生在多元文化相互对话与交流中开阔视野、学会尊重、互鉴和包容，增强大学生对中国特色社会主义的理论自信、道路自信、制度自信、文化自信，同时也使中国的优秀文化和核心价值观得到传播，实现中国文化的输入到输出。

基于文化生态理念的"一体两翼三融合"浸润式文化育人体系的构建，使文化育人从理念和口号转化为切实可行的教育实践。

育人载体

4.3

走进无锡职院，不仅可以感受到江南园林式校园自然风光，更会深深体会到校训"严谨治学，崇尚实践"承载的无形力量。校史馆、无锡院士馆、无锡名人苑，那穿越时光、历久弥新的文化精神；智能制造工程中心、机械工业文化园、惠山泥人馆，那"知行合一、学做结合"的教学模式，能够让人你真切体验科学技术与人文精神的完美结合。

4.3.1 建设"三馆四园一中心"文化育人载体

为提升大学生综合素质，学校秉承传统，开拓创新，建设了一批特色文化育人基地，概括来说就是"三馆四园一中心"，即校史展览馆（图4-3-1）、无锡院士馆（图4-3-2）、惠山泥塑体验馆（图4-3-3）、机械工业文化园（图4-3-4）、吴文化园（图4-3-5）、无锡名人苑（图4-3-6）、大学生创业园（图4-3-7）、智能制造工程中心（图4-3-8），是学校传承优秀区域文化、行企文化、中华优秀传统文化的育人载体。校史馆位于校综合楼一楼，以展示学校发展历程、弘扬校训精神为重点；吴文化园位于校综合楼南，无锡名人苑位于留学生楼前，无锡院士馆位于外语与旅游学院学院一楼，此三场馆以传承无锡优秀区域文化、名人文化、院士风采为核心。机械工业文化园位于机械技术学院所在的工业中心一楼，惠山泥塑体验馆位于校北门产学合作实训基地，智能制造工程中心位于校前区中央大道东面，此三场馆以培育专业素养和工匠精神为目标。

1. 图4-3-1
   位于综合楼一楼的校史展览馆
2. 图4-3-2
   2018年10月，无锡院士馆在我校落成并对外开放

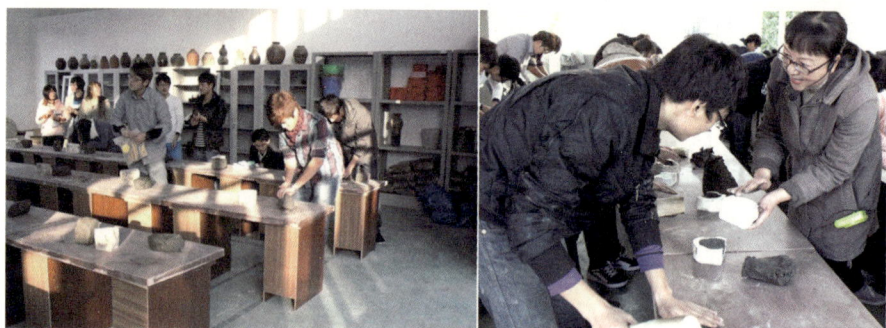

1. 图4-3-3
   位于产学合
   作实训基地
   的惠山泥塑
   体验馆
2. 图4-3-4
   位于工业中心
   一楼的机械
   工业文化园
3. 图4-3-5
   位于综合楼前
   的吴文化园
4. 图4-3-6
   无锡名人苑
   一角
5. 图4-3-7
   大学生创业园

大学生创业园位于学生宿舍区，以践行知行合一、创新创业为追求。学校通过"三馆四园一中心"，打造文化育人生态环境，让校园成为"大国工匠"孕育、发芽、生长的文化土壤。

4.3.2 构建文化宣传融媒体网络

（1）《无锡职院报》

创办于2001年的《无锡职院报》（后改名为《无锡职院》）（图4-3-9）是校园文化的传播者、记录者和参与者，同时又是校园文化宣传和文化育人的重要载体。近20年来，校报在校党委领导下，始终坚持"围绕中心，鼓动人心；服务教育，促进发展"的办报宗旨，紧贴各项工作，不断改进版面、充实内容、提高质量，为学校改革、发展、稳定和人才培养提供了精神动力、思想保证和舆论支持。2011年11月26日，学校举办《无锡职院》校报创刊十周年庆祝会，并为多年来积极向校报投稿的优秀师生记者颁奖。

（2）全媒体文化传播网络

学校建有校园网、学校官方微博账号（图4-3-10）、学校官方微信公众号（图4-3-11）等新媒体平台，把各种校园文化活动、学术报告讲座、艺术展览、微视频、微电影创作等推送到"文化素质教育网""红色网校""公共艺术教育网""正思悦读坊"等微信公众号，以及"无锡职院"官方微博、微信公众号等新媒体，采用线上线下互动、新媒体和传统媒体相互嵌入。现在，微信、微博、

1. 图4-3-8（1）智能制造工程中心内部场景
2. 图4-3-8（2）学生在智能制造工程中心用五轴车床加工的维纳斯像
3. 图4-3-8（3）学生在智能制造工程中心用五轴车床加工的校标
4. 图4-3-8（4）学生在智能制造工程中心用五轴加工车床加工的水涡流装置中的叶轮

微视频、微电影、微活动、微课不仅是在校大学生学习、交流、开阔视野的重要载体，而且很多内容都是同学们自己原创的，成为大学生们增长才干、展示才华的重要舞台。

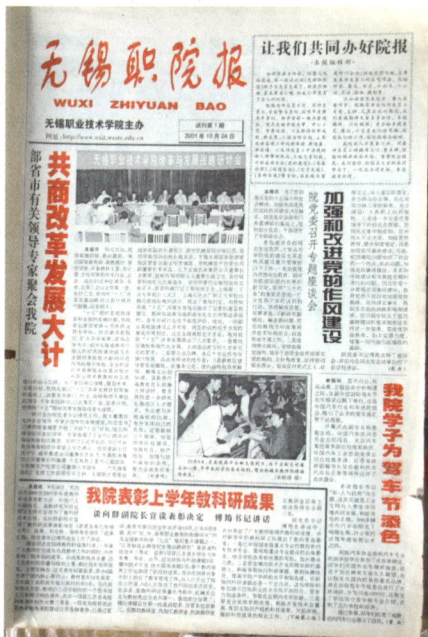

1. 图4-3-9（1）2001年10月24《无锡职院报》创刊号
2. 图4-3-9（2）2011年11月30日《无锡职院》报创刊十周年纪念专刊
3. 图4-3-9（3）2011年11月26日，《无锡职院》报创刊十周年庆典会上给优秀学生记者颁发荣誉证书
4. 图4-3-10 无锡职院官方微博
5. 图4-3-11 无锡职院官方微信公众号

文化活动

　　文化活动是促使大学生知识内化为素质的重要途径，也是提升校园文化内涵和品位的必由之路。近年来，学校改变以往重活动、轻建设，重形式、轻内容，重创新、轻传承的做法，实施"文化品牌工程"，精选了一些举办历史较长、学生参与面和受益面广、育人功能显著的活动作为品牌活动和品牌社团培育对象，每年拨出专项经费支持建设，形成了十多个群众性文化活动品牌，比如"每日早操""国旗下讲话""星期二讲堂""五四科技文化艺术节"，还有"读者节""校园年度十件大事评选""魅力职院师生迎新年文艺联欢"，等等，这些品牌活动培养了学生能力，丰富了校园文化生活，促进了学生全面发展。

4.4.1 "每天锻炼一小时，健康工作五十年"

　　很多20世纪八九十年代的老校友至今还清楚记得，每天早晨6点半，学校广播里总能响起老校长谈兴华声如洪钟的号召："同学们，早上好！新的一天又开始了！——"声音充满激情，且富有感召力。

　　这既是老谈校长自己多年来养成的习惯，也是他"培养全面发展的人"教学理念的身体力行，用他自己的话来说："即便读不好书，有个好身体，也可以凭体力谋生。"在担任教学副校长的十年间，谈兴华十分重视学生的身体素质发展，坚持要求学生每天做早操。所以，几十年过去了，"铁打的营房流水的兵"，但只要是无锡职院的学生，无论在校3年还是4年，不论是过去的中专生，还是现在的本科和大专生，除了下雨，都会自觉地每天6点半到操场，由体育部老师带领做早操。冬天天气冷的时候，广播操改成环校园慢跑。这项简单的早操早锻炼活动不仅增强了同学们的身体素质，也让他们养成了按时起床、持之以恒的良好习惯，使学生终身受益。现任无锡威孚集团股份有限公司人事部部长的90级优秀校友杨公海深情回忆道："真的很感谢学校多年养成的不睡懒觉的好习惯，成就了我们的良好形象。当初毕业分配到威孚集团时，宿舍就在工厂的对面，我们学校的毕业生总是提前半小时到车间，做好上班前的一切准备工作，让公司上下都啧啧称赞。"

　　毕业于清华大学的老校长赵克松说：

　　"我在学校不管什么时候都要锻炼一小时（这个习惯来自于学生时代，清华到了4点钟以后，所有的人都要出来锻炼）。所以我现在八十好几了，身

体还可以，蒋南翔校长曾经跟我们说：你们毕业以后要为祖国健康工作50年，我是2011年不干活了，已经整整50年了。"

重视体育成为学校的办学特色，也折射出无锡职院重视人的全面发展的价值观念。学校每年举办秋季运动会，开幕式上有一个通过主席台展现各院系班级和机关部门精神风貌的入场式特别激动人心，每个部门都会进行精心策划和排练，培养团队合作精神，调动师生参与的积极性。近年来学校以"健康第一"为指导，校园体育活动和社团更是如火如荼地开展，师生球类比赛、跆拳道、中华武术、太极拳、轮滑、舞龙表演等，使学校生龙活虎，充满生机。学校通过组织各种小型竞赛，还培养了一大批学生骨干，提升了学生的体育组织与管理能力。在每年的"无锡国际马拉松"比赛中，无锡职院学生担任志愿服务者超过1 000人。获得市级以上各类比赛优胜奖180多项（图4-4-1，图4-1-2）。

群众性体育活动的良好开展不仅使学校在江苏省体育教学评估中获得了优秀，还惠及了周边的百姓，两个校区的运动场馆成为当地社区老百姓免费健身的重要场所，取得了良好的社会效应。

4.4.2 几十年如一日的"国旗下讲话"

作为办学60年的老校，无锡职院有许多思政教育活动传承至今，比如"星期一升旗""星期二政治学习""一二·九大合唱""迎七一教工歌咏比赛"等，几十年如一日地坚持下来，便成了学校思政教育的品牌活动。以"星期一升旗"活动为例，为了加强爱国主义教育，增强全校师生的国家观念和政治觉悟，依法开展升国旗活动，并将其制度化，学校从20世纪90年代中专校时期开始，规定每周一早晨7点20～40分，所有师生集中在大操场，举行升旗仪式和"国旗下讲话"（图4-4-3），由校领导、团委、宣传部、学生处等部门负责人进行时事政策宣传、形势教育、日常行为规范教育。1999年升格为高职以后，依然保留了每周一次的升旗仪式，但因学校规模从2 000人增加到10 000多人，升旗场地及管理都有些困难，学校改革了升旗制度，由原来的全校性每周一次改为各二级学院轮流举行。另外增加了重大节假日（如五一国际劳动节、七一建党节、十一国庆节等）的升旗活动。如今二三十年过去了，星期一升旗仪式

1. 图4-4-1 校运动会入场式各班级方队
2. 图4-4-2 校运动会入场式舞龙表演方队

从未间断，成为学校加强大学生思想政治教育的传统项目。

4.4.3 历久弥新的"五四科技文化艺术节"

提起"五四科技文化艺术节"，无论是离校多年的校友，还是在校学子，都能兴致勃勃地侃上一阵子。从 1998 年 5 月学校举办了首届"五四科技文化艺术节"至今，有已经 20 多个年头，20 多届"五四科技文化艺术节"，送走了一届又一届学生，又源源不断地迎来更多的莘莘学子，成为历史最悠久、影响力最大、最受师生喜爱的校园文化品牌。

艺术节期间的大型歌舞文艺晚会是学生才艺展示的大舞台，一批批艺术爱好者带着自己编排的节目在舞台亮相，每年都有一批精彩的节目被选送到省级以上大学生艺术展演参赛，并获得骄人的成绩（图 4-4-4）。比如大型舞蹈作品《毕业歌》，以优美抒情的舞蹈语言和宏大场面，反映了职院青年"今天是桃李芬芳，明天是社会栋梁"的豪情逸致，20 多位同学优雅一致的动作、线条，蓬勃向上的朝气令人振奋。该节目获得江苏省 2017 年大艺展舞蹈类一等奖。

第十八届艺术节期间，67 届老校友还返校举办了"笔墨飘香五十载 67 届校友书画作品展"来庆祝他们毕业 50 周年。书画展展出的 20 多幅优秀作品全部捐赠母校收藏。其中章俊湖校友的书法长联"惠山二泉太湖蠡园中桥春风桃李农机校八百师生教学天工开物仰之弥高钻之弥深可以语上也，贵州四川湖北杭州无锡江苏弟子度关山五十春秋振兴机械制造出乎其类拔乎其萃宜若登天然"抒发了对母校、对人生的满怀豪情，蒲仁昌校友的国画"桃李满天下"则表达了对坐落在美丽的太湖之滨、富饶的锡惠之麓的母校如今已是桃李芬芳满天下的全国高职示范校的赞颂。

五四科技文化艺术节文艺晚会廿届精彩回顾

1. 图4-4-3 学生每周一次举行升旗仪式

1

2

3

4

1. 图4-4-4（1）
五四科技文化艺术节文艺演出场地——大学生活动中心与体育馆
2. 图4-4-4（2）
第十八届五四科技文化艺术节开幕式及高雅艺术进校园京剧专场
3. 图4-4-4（3）
2017年第二十届五四科技文化艺术节表彰大学生年度人物
4. 图4-4-4（4）
大型舞蹈《毕业歌》获江苏省第五届大学生艺术展演一等奖

"五四科技文化艺术节"期间，学校会邀请无锡地区文化研究方面的专家学者和艺术名家、文化艺术团体来校讲座或表演。一批著名艺术家如小王彬彬、过之红、著名播音员肖鹏等走上讲坛，分享他们的艺术人生故事，展示他们精湛的表演艺术，给学生们带来美的享受。

4.4.4 场场爆满的"星期二讲堂"

"星期二讲堂"是广大学生开拓视野、启迪思维、把握科技发展、聆听不同学术观点的重要窗口。从2007年第一场"无锡文化与文化无锡"讲座开办以来，"星期二讲堂"已成为无锡职院文化活动的重要品牌。每年平均举办70多场次，一批校内外、省内外、国内外的教授、专家、知名学者、企业成功人士和杰出校友应邀登台主讲，从200人的大教室到500人的报告厅，几乎场场爆满，十多年来，听众超过10余万人次，成为大学生接受文化熏陶、提高思想道德和人文艺术修养的重要途径。

"星期二讲堂"以思想性、学术性、艺术性、趣味性为尺度，在主题和内容上分为"思想与道德""人文与科技""艺术与审美""创业与就业"四大系列。"品德引领成长""走向人文殿堂""用艺术点亮生命""青春职场，校园启航"等一次次精彩的报告受到广大学生热捧，每场报告都会引发同学们积极提问和热烈讨论（图4-4-5 ~ 图4-4-8）。

4.4.5 图书馆的"读者节"

德国诗人赫尔曼·黑塞说："读书，是获得真正教养的主要途径。而真正的教养，一如真正的体育，它的目的不在于提高这种或那种能力和本领，而在

1. 图4-4-5 学校组织宣讲党的十九大精神
2. 图4-4-6 学校组织师生聆听党的十九大精神宣讲
3. 图4-4-7 学生聆听讲座现场
4. 图4-4-8 学生聆听"名企名家进名校"公益论坛

于帮助我们找到生活的意义。"无锡职院的图书馆是江苏省高校优秀图书馆，不仅藏书丰富，而且环境优雅，信息化程度高，建有百部中外名著在线阅读资源库和大型人文社科优秀电视节目在线收看、优秀电影放映厅等。从 2007 年春天首届"读者节"开启以来，每年的四月份，一场场关于读书的盛事如花朵般绽放。每届"读者节"主题各不相同，活动内容丰富多彩，签名留念、心愿卡、摄影大赛、读书有奖征文、优秀读者评选、教师读者美术教学作品展、写给未来的信、读者免责日、"千资百链"图书馆资源有奖活动等，让每一个职院学子感受到别样的"春意盎然"（图 4-4-9、图 4-4-10）。

1. 图 4-4-9
   樱花相伴的
   图书馆
2. 图 4-4-10
   第八届"读者
   节"开幕式

育人制度

制度文化是文化育人体系健康可发展的政策性支持，随着文化育人的内涵不断丰富，相关制度设计也不断建立完善，保障了文化育人效果。

4.5.1 选课攻略

根据《无锡职业技术学院大学生文化素质教育实施方案》要求，全日制学生在校期间必须修满 7 ~ 9 分素质教育学分方可毕业。素质学分包含文化素质选修课程、艺术选修课程、军事理论、职业生涯规划、就业教育、心理健康教育等模块，由学生自己在网上选修课系统中报名，授课方式采用线上和线下相结合。具体要求参见教务处相关选课指南。

4.5.2 第二课堂成绩单

学校根据教学安排和学生实际，制订了指导学生参与各项文化素质教育活动并获得相应学分的素质学分评价办法，创设了激励和约束相结合的评价制度，一方面提出了素质教育学分的"硬指标"，使每一个学生从进校第一天就知道，文化素质教育学分不达标照样不能毕业。另一方面实行"学分互换"激励机制，以"无锡职业技术学院大学生社会实践合格证书（即第二课堂成绩单）"的形式（图 4-5-1），把学生参加的社团活动、社会实践活动以及各类竞赛活动取得的成绩和荣誉纳入"学分互换"体系，记录在案，对成绩突出者，如获"大学生年度人物"提名、专利发明、道德模范、大赛成绩优异的学生等给予学分奖励。

自 2007 年以来，学校的文化育人工作与成效在中国机械行业和全国职教界产生了广泛影响，被邀请在"全国职业院校文化育人高端

以吴文化精髓
"立德树人"的
创新实践

1. 图 4-5-1
   无锡职业技术学院大学生社会实践合格证书

1

论坛""百所示范院校文化建设与可持续发展研讨会""机械职业教育思想政治工作研究会""大学文化论坛"等大会上做典型发言，获得了同行和社会的广泛认可。2014 年以来，学校主办和承办了全国机械行业文化素质教育高级师资研修班、专题研讨会 20 多次。"高职文化素质教育'三度融合'模式的研究与实践""基于文化生态理念的高职'一体两翼三融合'文化育人体系研究与实践"等项目先后获得教育部职业院校文化素质教育教学成果奖一等奖、全国机械行业职业教育教学成果奖特等奖、国家级教学成果奖二等奖。"以吴文化精髓'立德树人'的实践创新"入选全国职业教育"中华传统美德活动十大优秀案例"。学校成为全国首批职业院校文化素质教育基地、全国首批职业院校创新创业教育基地，先后荣获"全国职业教育先进单位""江苏省诗教先进单位"等各类荣誉称号。学校担任全国机械行业职业院校文化素质教育指导委员会主任单位，教育部职业院校文化素质教育指导委员会委员单位。《光明日报》《中国教育报》以及人民网等省级以上媒体对校园文化育人成果进行了百余次报道。

1960年3月，"无锡农业机械制造学校"校印正式启用。随后的60年，从"无锡农业机械制造学校"到"江苏省无锡机械制造学校"再到"无锡职业技术学院"，校名几经变更，然而，流淌在这座校园中的文化精神却亘绵不断且愈发丰厚，承载并传播这一精神血脉的，正是一代代职业教育的园丁们，他们是拥有朴素执着情怀的无锡职院人，他们严谨治学、崇尚实践，他们开拓进取、敢为人先，他们甘守三尺讲台、倾心教学、爱生如子，他们还在校企合作、社会服务中一展身手、收获赞誉。

三驾马车

5.1

在学校60年的发展史中，有三个人的名字一再被提及，他们是赵克松、韩亚平和谈兴华。在他们的不懈努力下，"无锡机械制造学校"不仅在行业内站稳脚跟，而且两次获评国家重点中专校（1980年和1994年）、率先作为德国"双元制"职业教育教学模式试点、率先试办五年制高职教育，成为中职教育的领头羊。而他们仨，也被称为推动学校发展的"三驾马车"。

赵克松：

办成一所像样的学校

1984年5月，副校长赵克松（图5-1-1）上任（当时上级没有任命正校长，由其代理）他首先将学校的师资、资产、校舍等仔细盘点和整合了一遍："文革"期间，校产资源瓜分殆尽——不到百亩的校区里进驻了4家单位；校区基础设施十分薄弱——没有图书馆、实验室，也没有运动场和师生浴室，建校以来积攒的图书、实验仪器已经全部报废；师资队伍严重短缺，教学没有走上正轨……

"一定要将学校办成！"赵克松开始同领导班子抓紧谋划未来发展：一方面要抓硬件设施建设；另一方面增强办学软实力，提升人才培养质量。

校区土地全部收回后，赵克松决定首先让学生有"安静读书的地方"——图书馆，于是把机床电器厂归还学校的那栋楼加以改造。其次必须有运动场，而运

1. 图5-1-1
赵克松近照

动场的建设颇费周折——校区余地不够 400 米的田径场标准，只能想办法向周边农村买地。拿到市政府同意建运动场征地的批文后，赵克松和同事努力与金星村谈判，大半年后得以开工。1987 年暑假，田径场落成。

20 世纪 80 年代初，中国恢复在世界银行的合法地位和权益，"大学发展项目"成为中国政府的第一个世界银行贷款项目。1986 年，学校研讨决定全力争取世界银行贷款项目，最终获得 50 万美元贷款。

有了这笔贷款，学校添置了一大批必要的实验设备，大大改善了办学条件。随后赵克松对学校的软实力提升也丝毫没有放松，他带着领导班子对内狠抓教学秩序规范化管理和课程教学改革，提升师资队伍水平；在外则积极参与各级各类活动，研究机械行业及职业教育发展走势。

很多老教师还清晰记得那些年，每周一下午的教研室主任例会，赵克松、分管教学的副校长谈兴华与大家围坐在一起，交流信息、专题研究、布置工作，深入研讨每个专业及有关课程在日常教学中遇到的问题。年轻老师入校任教，一定会有一名老教师手把手带教；还聘请有威望的老教师担任教学督导，每听完一堂课，讲足成绩，也讲清努力方向。这些措施都逐步成为学校的教学规范，传承至今。

学校还主动承办了一次全国机械中专校长会议，尽管住宿是在教室的课桌上，用餐在学校食堂，但这次艰苦朴素的会议让大家结下了深厚的友谊。随后，赵克松和班子成员带头，分批派送教师赴上海机专、南京机专等优秀中专考察学习，进修，积极推动学校课程教学改革，鼓励学校教师参与到各相关专业的教学指导委员会工作中，挑担子、出成绩，学校在全国机械行业职业教育领域成绩斐然，被评为全国重点中专校。

退休后的赵克松应邀返聘担任全国重要职教期刊《机械职业教育》主编。他还领衔组建了机械制造与控制技术、电气自动化技术两个高职专业教改课题

1. 图 5-1-2 赵克松（右四）获评首届"全国机械行业职业教育卓越贡献人物"

组，对专业培养目标与人才规格、知识与能力结构、理论教学主干课程基本要求等开展调研，形成了《机械行业高职教育教学研究成果文集》，不仅具有前瞻性理论价值，而且具有较强的实际指导意义，在全行业职业院校推广，对当时全国机械行业高职院校教学改革起到了重要作用。

2016 年 11 月，由于在机械行业职业教育理论研究和专业教学指导工作中的诸多开拓性贡献，赵克松获评首届"全国机械行业职业教育卓越贡献人物"奖（图 5-1-2）。

韩亚平：
创新思路促进发展

毕业于北京钢铁学院冶金专业的韩亚平（图 5-1-3），没有人们印象中"工科男"的沉闷和拘谨，倒是很有"海派"文化中的开放、多元和个性。他的性格很活跃，善交际，人脉广，在各种场合，都能迅速成为注意力的中心；他的思维很发散，爱动脑，喜创新，在各个时期，充分利用各类资源和途径，推动学校发展。

1984 年，韩亚平开始担任无锡机械制造学校副校长。此时正是学校办学最艰难的时候，为此，韩亚平与同事两次去北京，为学校谋求出路。

1986 年 6 月，学校领导班子经过研讨决定争取世界银行贷款项目，具体谈判过程主要由韩亚平负责。一年后，世界银行职业技术项目准备工作考察团来校考察，对学校"严谨、俭朴、创新、求实"的办学风气和职业技术教育理念表示赞赏，同意贷款 50 万美元。

凭借对机械行业发展趋势的敏锐嗅觉和对职业技术教育走向的准确判断，学校决定拿出部分贷款购买了"全省第一台"数控机床。16 年后的 2007 年，国家财政部及世界银行贷款项目组检查贷款使用绩效时，这台机床仍可正常运行；由这台机床发展起来的数控技术专业，也早已产出了一批高质量教学成果，锻炼出一支理论扎实、技术过硬的国家级教学团队。

1993 年 5 月，韩亚平担任无锡机械制造学校校长，对学校发展有了新思考。在他任职期间，江苏省无锡机械制造学校董事会正式成立；学校经省教育厅和机械部联合推荐，成为全国 10 所中专学校试办五年制高职班的学校之一；他还多方考察谈判，与无锡市第二工业学校合并组建了"江苏省无锡机械制造学校梅园校区"，为学校后来升格高职积累了资本。

韩亚平还积极参与江苏省和全国高职教育的探索、研究和实践，带领学校走上快速发展的轨道，成为国内职业教育的"领跑者"，学校被推选为江苏省和全国五年制高职教育协作委员会主任委员和副会长单位；"全国数控培训网络无锡分中心""苏机国家职业技能鉴定所"成立……

市场经济大潮下，行业、企业对人才的需求在悄然发生着变化，韩亚平带领学校专业带头人走访企业、科研单位，主动了解企业需求和技术发展趋势，改变传统教学模式，走产教结合、产学结合的路子。要求每个高职专业都成立技术中心，使得学生在学习过程中就能体验专业知识的实际应用；还将原有的技术中心整合成工业中心，推广"做中学、学中做"教学模式。20世纪90年代末，这个囊括了数控装备、计算机等代表当时先进技术的工业中心，吸引了大陆、台湾、德国等境内外诸多职业教育代表团来访，"无锡机械制造学校"成为中国职业教育的名片和示范窗口。

韩亚平说："一个学生的'智商'高对成才虽然很重要，但是'情商'高比智商高更重要，而'情商'正是要通过各方面的实践才能获得。"为此，他动员高职试点班的学生利用假期，去找有报酬的岗位打工。学生们交上来的"作业"五花八门——有的通过打工锻炼了心态，有的体会到生活的艰辛，有的感悟平时学习的不足，有的理解父母养育的不易，还有的看到了"社会的复杂"……

学校在国内职教同行中的地位日益提升，韩亚平也成为国内响当当的职教专家，先后担任全国高职高专教育人才培养工作委员会委员、全国高职高专院校人才培养工作水平评估专家、高等教育国家级教学成果奖评审委员会委员、教育部高职高专专业建设改革试点组成员、教育部高职高专教育人才培养工作委员会评估组成员等。退休后，他积极助力学校成功升格，入围首批"国家示范性高职院校"；高职高专院校人才培养工作水平评估期间，他更是不遗余力为学校争取更多的发展资源。

谈兴华：
培养全面发展的人

1960年，谈兴华（图5-1-4）从华东师范大学毕业，成为无锡职院校最早的公共课教师之一。数学专业的他上课时既有严谨的逻辑，又有引人入胜的表达，还善于提炼总结，逐渐形成了自己的风格——"精、清、活、趣"。

"文化大革命"开始后，学校一度停办，1973年10月，学校招收工农兵学员。为适应学生知识水平，采用"结合典型产品教学"，谈兴华担任班主任的农742班加工装配C630车床——没有加工设备、原材

1. 图5-1-4 谈兴华

料，不懂技术，连许多零件都不认得。他和学生一起把零件摊在地上，对着加工图纸逐个辨识；没有原材料和设备，他便利用在动力机厂劳动时积累的人脉，要来一点原材料，趁着晚上去厂里加工。车床的进刀箱需要镗孔，整个无锡只有东北塘机械厂拥有镗模，谈兴华于是领着两名学生用板车运送零件。二十几公里的路途走了大半天，途中有座桥在修，载重的板车不允许通过，三人只好把准备镗孔的箱体毛坯一一卸下，搬运过桥，"天下着小雨，我们里面穿着棉背心，外面套着土布工作服，到了机械厂时全湿透了"。生产的10台车床最后卖给了苏州一家工厂，为学校换来一辆大罗马汽车。这一经历不仅锻炼了学生的动手操作能力，也让谈兴华开始深入思考如何通过实践教学提高学生的综合素质。

1987年7月，他被任命为副校长，主抓教学。随后，他牵头起草了《无锡机械制造学校教学管理若干规定》，明确了备课、讲课、辅导、考核、实验、实习等涉及教学工作的具体要求。《规定》在省内同行当中亮出了名片，谈兴华的名字也逐渐在职教圈传播开来。后来，省教育厅出台的中专院校教学管理规范中，教学过程管理就由谈兴华执笔，获得高度评价。

在学校"四项管理规则检查""中专校合格评估""办学水平评估"等多项上级教育部门的检查评比中，他立下了汗马功劳。

虽然一直从事公共基础课教学，谈兴华对专业建设、实践教学也不断进行研究。他提出的"双师、双纲、双向"育人，即培养双师型教师，理论教学和实践教学两个大纲，联合企业开展双向育人、"一条主线、三个层面"实践教学体系，以及"高等教育的层次、职业教育的类型"等职业教育理念和实践总结，不仅推进了学校的教学改革，而且对江苏职业教育产生了重要影响，他先后为江苏省教育厅起草了《五年制高职专业评估指标体系》《五年制高职课程改革意见》等多个文件，担任江苏省教师职务高评委委员、机械部中专数学课程组组长、江苏省中专数学课程研究会副理事长、江苏省职教学会五年制高职研究会秘书长、全国中专教学研究会副秘书长、江苏省中专教学管理研究会副理事长等职，并担任五年制高职《数学》教材总主编，中职《数学》教材主审，先后在职业教育类权威期刊发表文章40余篇。

担任副校长期间，谈兴华总以"坚持学生全面发展"来指导工作。每天早晨，校园的广播里总能响起谈校长铿锵有力的声音："同学们，新的一天又开始了！"他为学校运动会设计了20×200米接力赛项和各类群众性趣味项目，调动学生的参与热情。1994年江苏省第十三届运动会暨第二届青少年中专组田径比赛，无锡职院男子组获团体总分第一，得分比第二名超出一倍。当年，学校曾因空间不够理想将就建一个300米跑道的田径场，谈兴华坚持"要建就建400米标准化田径场"。在后来的办学水平评估和高职升格评估中，标准化田径场成为硬件设施中的一大亮点。

教学名师

"三驾马车"等老一代无锡职院人艰苦创业、勤俭办学打下的坚实基础,成为后来者丰厚的物质和精神财富。一代代无锡职院教师坚守初心、业精于勤,他们将最好的青春年华奉献给讲台,倾心教学、管理、服务,醉心课改、教改、科研,不仅收获了学生的爱戴,也获得了企业的肯定、行业的认可、政府的赞誉。学校从建校早期的108人,发展到目前近千人的教职员工队伍,增长的是人数、沉淀的是文化、传承的是情怀。他们当中大多数人默默无闻,甘为人梯,也有不少脱颖而出,成为专业领域里的专家,被评为国家级、省级教学名师,国务院政府特殊津贴专家等,或者,成为学生口碑热捧出来的"最喜爱的老师"。

戴 勇:
中国职业教育杰出校长

戴勇担任校长时才43岁,从1997年到2013年,他在历任院长中任职时间最长,是"国家级专业教学团队"带头人,在机械类专业及课程领域结合国内外先进职教理论,勇于实践探索,在教育领域和全社会享有较高声望(图 5-2-1)。他主持的专业建设、课程建设、实训基地建设教改成果取得了2项国家级教学成果奖一等奖、1项江苏省政府教学

成果奖特等奖和1项省教育厅教学成果奖一等奖,出版了《高职机电一体化技术专业课程开发》《高职专业与国际通用职业资格证书对接模式开发》《模具工》等教育专著,其成果在全国700多所高职院校机械类专业中推广应用。2009年他入选"第二届中国职业教育杰出校长",2016年成为机械工业教育发展中心表彰的首届37名"全国机械行业职业教育卓越贡献人物"之一。

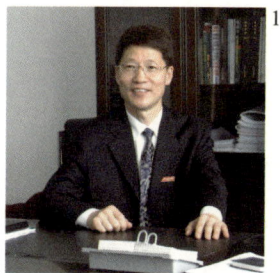

除了任职时间最长,戴勇的另一项纪录是工作时间超长。一年里,除了出差在外和重大节假日,戴勇一定会出现在学校:清晨,他会在清净的校园里散着步,凝神思考;黄昏,当热闹了一天的校园重又恢复平静,他仍在办公室继续伏案;即便在周末,他也总会出现在校园,做教研、写文章、辅导学生……

学校升格为高职院校后,戴勇发现国内对于高等职业教育的研究和经验十分匮乏,高职教育与中等职业教育相比,"高"在何处?与普通本科高校相比,

1. 图5-2-1
   戴勇近照

有何特色？面对日新月异的科技发展和人才需求变化，学校人才培养如何适应经济社会发展？这些问题曾经困扰过他，也激励他一头扎进工作，潜心研究。

2001年，戴勇承担了教育部委托课题《高职高专教育机电类专业人才培养规格和课程体系改革与建设的研究与实践》，联合包头职业技术学院等5所学校开始了高职人才培养体系的系统研究；2004年，他主持教育部《数控技术专业产学合作研究与实践》《数控技术职业教育实训基地建设》等一系列课题研究，提出了培养目标多元化的人才培养方案，逐步形成"全程－开放"工学结合人才培养模式，提高人才培养质量，研究成果在行业院校广泛推广，获得了江苏省教育厅2004年教育成果奖一等奖。

学校示范性建设期间，戴勇主持的《系统改革高职课程体系的探索与实践》教改研究项目荣获2009年教育部高等教育国家级教学成果奖一等奖；后来的《高职实训基地"关键资源池"（KR-POOL）建设模式》研究项目则于2014年获得国家级教学成果奖一等奖。

尽管2013年因年龄原因已经离开学校领导岗位，但戴勇教授开展教学研究的脚步依然在踏实向前。2017年9月，他领衔的《跨前跨境跨界系统开发高职优质课程资源的研究与实践》获得江苏省教学成果奖特等奖、2018年教育部职业教育国家级教学成果奖二等奖。

直到今天，机械专业的基础课程"工程力学"仍是戴勇坚守的阵地。在他的课上，要求学生完成的实践任务，他一定会自己将所有环节亲自做一遍；他曾穿过无锡城，拍摄一张蓉湖大桥的照片，拿到课堂上与学生分析斜拉桥受力情况……在这位全国职教专家的心里，学生才是最重要的存在，无论什么时候有学生来求教，他都会立即放下手上的工作——在学生心里，他就是"戴老师"，而非"戴院长"。

顾　京：
全国第四届高等学校教学名师

顾京（图 5-2-2）1982年从南京工学院（现东南大学）机械制造工艺及装备专业毕业后来校任教。在带学生下厂实习中，她发现了数控技术人才的未来需求，得知省内有高校从德国引进了数控技术和设备，便申请去进修；回校后便编写了《数控加工程序的编制》讲义，开起了选修课。

1994年，学校成为全国首批试办五年制高等职业教育的10所学校之一，顾京老师负责创办了全国第一个高职数控技术应用专业、第一个校内实践教学基地——数控技术中心；研制成功了我国第一套

既能用于生产、又能用于教学的柔性制造系统、主编了全国第一本高职数控教材、主持了全国第一门"数控编程"国家精品课程、主持建成了全国第一个数控技术国家级专业教学资源库……众多的"第一"也使她成为高职院校中第一个国家级教学名师、高职院校罕见的"二级教授"。由她领衔的数控技术专业教学团队，成为江苏省第一个被教育部评定的国家级教学团队。

多年来，顾京潜心教学和科研，勤奋务实，精益求精，取得了丰硕的教科研成果，也以精湛的教学艺术深受学生和同行的爱戴和尊敬，她不仅培养了很多优秀的学生，使他们成为行业界的老板和技术技能大师，她还十分重视教学团队建设和青年教师的培养，带出了一批理论扎实、技能过硬的数控技术专业骨干教师和学校管理干部。

"只有不断学习与探索，才能始终站在技术发展的前沿"，这是她经常跟青年教师和学生说的一句话，也是她成为专家级教授的成功秘诀。多年来，顾京还为一批中小企业解决变速箱箱体及支承轴承数控加工、控制箱箱体数控加工、数控钻床安装调试等技术难题。

2004 年，顾京被评为省"333 新世纪科学技术带头人培养工程"培养对象和江苏省优秀教育工作者；2018 年，被评为第二届"全国机械行业职业教育卓越贡献人物"。

张 铮：
国家"万人计划"教学名师

2013 年 3 月，享受国务院政府特殊津贴的专家名单出炉，张铮（图 5-2-3）教授成为无锡职院获此殊荣的第一人；2016 年教师节前夕，他获评"江苏省高校教学名师"；2019 年 2 月，国家"万人计划"教学名师名单正式公布，他榜上有名。

2002 年，张铮调到学校从事数控技术等专业的教学与研究工作，肩负着"桁架机器人"与"工业产品全流程设计"两个专业的科研攻关任务。制造业的升级迭代，说白了就是逐步用精细的机器制造代替粗放的人工制造。而"桁架机器人"和"全流程设计"就是在模拟机器上用真实的控制器发出信号来模拟产品的生产制造，这样的技术几乎在所有工业领域都用得着。张铮说，在这两个专业方向带出来的"徒弟"，都成了企业的抢手货。

多年来，他在教学科研上屡有建树："数控设备应用与维护"专业成为江苏省品牌建设专业；"机床数控系统的连接与检查"获国家高等教育精品课程；他主持的"一种用于数控加工与数控机床电气维修培训的一体机"获得国家发明专利，以 10 万元转让给企业；他参与的江苏省高校高新技术产业发展项目——叶轮及叶片五轴联动数控程序编制及高速切削加工研究，为合作企业每年节约资金 1 000 万元。

硕果累累的背后是默默无闻的耕耘、对专业技术的孜孜以求和对于职业的责任感，即使是上了很多遍的课程《机床控制系统连接与检查》，每次上课前他都要先亲自操作一遍。

在做好专业教学之余，张铮也开始琢磨学生的人文素养和价值观教育。"教师的职责除了教书，还要育人，所以学生在专业之外还要补课。"机械学院为同学们开设了两门课程——"大学生学习指导"和"论文与企业文书"，前者是为了帮助新生尽快适应大学生活，并对未来三年的学习和发展目标有所规划，"这类课程在发达国家很普遍，我们要借鉴先进的经验。"而"论文与企业文书"则是历年来校友积极呼吁的一门课程，"这是我们工科学生的短板，目前已列入各专业教学计划中。"此外，高职本科学生还要多修一门"工业社会启示及行为养成体验"，这也是张铮"自己琢磨的东西"，他要给学生一些"接地气的价值观教育"，以培养"身心健康的个人、有专长的职业人、有责任感的社会人、和睦相处的家庭人和有文化的中国人"。

周志德：
江苏省高校教学名师

周志德（图 5-2-4）1982 年 6 月毕业于中国矿业大学数学专业，1988 年调入学校任教，带领"计算机应用技术专业"跻身国家示范性重点专业建设项目，主持的"C++ 程序设计"2006 年被评为省级精品课程、"智能楼宇弱电系统安装与调试"2008 年被评为国家级精品课程；主编的《C++ 程序设计》（第二版）2007 年被评为省精品教材、《Delphi 程序设计》2009 年被评为普通高等教育"十一五"国家级规划教材。1998 年，周志德荣获"全国优秀教师"称号；2011 年，他又被省教育厅授予"江苏省高校教学名师"称号。

周志德老师是个"活到老、学到老、做到老"的人。仅"可视化程序设计"这门课程，他就带领教研室老师编写了三次教材。在鼓励年轻教师参加各种培训的同时，自己也常常跟着一起学习。2009 年暑假，57 岁的周志德与几位同事参加软件工程师培训，连续 15 天的课程让许多人疲惫不堪，周志德是培训班里年纪最大的"学生"，也是学习最努力的。

工作对于周志德来说是莫大的享受，每一次课程组活动，他牵头组织；每一个项目申报，他分担最繁重的部分；他的时间表里没有双休日，也没有寒暑假。

1. 图 5-2-4
   周志德老师

2011年夏天，他为主持的教育部物联网实训基地建设项目连续伏案工作。几天后，当他在键盘上敲下最后一个字符，心里一阵轻松，继而就觉得天旋地转，眼前一片漆黑。这次突发状况导致他右耳失聪，住院15天，是20多年来最长的一次休息。

若问谁在周老师心里分量最重，学生无疑排在首位。他常常会谆谆告诫年轻教师：没有教不好的学生——如果有，那一定是老师自身出了问题。

软件31131班曹克明在初学C++时"得罪"过周老师。出于对软件编程的浓厚兴趣，曹克明涉猎了众多专业书籍，课后作业总要独辟蹊径。"可能是有些程序写得太好了，周老师以为我抄袭。"曹克明看到作业本上红色的评语，心生委屈，便写了一张字条递上讲台——"我真心爱我的专业，没必要抄袭。"

"曹克明同学，"老周看到字条后示意课堂安静，"对不起，是我误解了你！"课堂忽然安静下来，四十几双眼睛怔怔地看着周老师。"谁也没想到，他一个院长（周志德时任物联网技术学院院长）居然给学生道歉，还那么诚恳。"

2012年9月，本应正常退休的周志德申请延缓退休。遗憾的是延缓退休手续批复不久，周志德被确诊为肝癌晚期。2013年6月，周志德永远离开了他心爱的讲台和学生。

锡职烙印下的"名师文化"

60多年的办学历程中，学校涌现了一批批专业素质过硬、师德师风高尚的优秀教师，他们兢兢业业，在实验实训中言传身教、在日常生活中关爱学生，不仅成为一届届毕业生回忆母校时最闪亮的部分，也成为校园文化中的珍贵存在（图5-2-5~图5-2-9）。

为了表彰长期从事一线教学工作、注重教学改革实践、教学水平高、教学效果好的优秀教师，弘扬教学名师高尚师德，激励广大教师关爱学生、严谨笃学、敬业奉献，学校从2012年起开展校级教学名师评选工作，如今已有四届校级教学名师，毛珍玲、黄麟、许雪芬、郭琼、华宝元、陆荣、肖颖、曹秀中8位教师获此殊荣。2016年9月开始，学校开展了"学生最喜爱的教师"评选活动，每年由学生投票评选十位最喜爱的教师，迄今已有四届35位教师上榜（表5-2-1）。

郭 琼：
校级教学名师

郭琼（图5-2-5）出生在新疆新源，1991年大学毕业后，她在企业当过技术员，之后进入青海大学任教，在清华大学攻读工学硕士学位。2006年8月来学校任教，迅速成长为生产过程自动化专业带头人。

1. 图5-2-5
郭琼近照

表5-2-1 2016年以来"学生最喜爱的教师"榜单

年份	姓名	职称	部门
2016	屈寅春	副教授	基础课部
	许雪芬	教授	基础课部
	汪菊琴	副教授	物联网技术学院
	张晶	副教授	艺术与设计学院
	吴启高	讲师	财经学院
	徐优明	讲师	外语与旅游学院
	张美娟	副教授	汽车与交通学院
	曹小兵	讲师	控制技术学院
	赵后起	副教授	马克思主义学院
	肖颖	副教授	物联网技术学院
2017	屈寅春	副教授	基础课部
	王志萍	副教授	基础课部
	徐优明	讲师	外语与旅游学院
	张健	讲师	外语与旅游学院
	宋天革	副教授	机械技术学院
	蒋红华	副教授	机械技术学院
	曹宏	讲师	体育部
	汪菊琴	讲师	物联网技术学院
	刘德强	副教授	物联网技术学院
	华旭奋	实验师	控制技术学院
2018	屈寅春	教授	基础课部
	朱翔	副教授	基础课部
	姚晓宁	副教授	控制技术学院
	宋佳娜	讲师	机械技术学院
	陈曦	讲师	外语与旅游学院
	刘冬威	实验师	汽车与交通学院
	赵淑华	副教授	马克思主义学院
	马晶	教授	财经学院
	冯臻	教授	管理学院
	王欣	副教授	物联网技术学院

年份	姓名	职称	部门
2019	许雪芬	教授	基础课部
	陆荣	副教授	控制技术学院
	金旭星	讲师	机械技术学院
	芦敏	讲师	机械技术学院
	刘一览	讲师	外语与旅游学院
	史定洪	讲师	汽车与交通学院
	王秦	讲师	艺术与设计学院
	王荣	讲师	物联网技术学院
	屠春凤	副教授	马克思主义学院
	陈律	讲师	管理学院

多年来，郭琼一方面潜心教学，不断钻研、改进教学方法，另一方面积极开展科研，参与校企合作项目，被誉为职业院校理想中的"双师型"教师。

电气 21331 班学生王家志参加了 2015 年江苏省职业院校技能大赛的工业机器人赛项。备战期间，郭琼老师亲手指导，带学生熟悉赛项每一个硬件拆装、软件编程。参赛队员们每周组织一次专题讨论，"郭老师很仔细，会对我们的方案追问到底"。通过一次次认真追问和深入讨论，队员们迅速成长。

不仅是指导参赛，平常在开发教学案例、参与企业横向课题时，郭琼也总会选择专业扎实、有上进心的学生参与其中，以便"为他们提供更多的学习机会、激发潜能"。

2015 年，工业机器人技术应用赛项首次列入全国职业院校技能大赛，赛项平台由无锡职院研发，郭琼是核心研发人员，担纲平台控制系统总集成。7月，赛项平台获全国职业院校学生技术技能创新成果交流赛优秀项目一等奖，时任教育部副部长鲁昕亲临现场观看了演示。

郭琼还担任学校智能制造工程中心 9 个子项目中最难啃的骨头——"基于物联网技术的智能工厂项目"子项目过程控制系统（PCS）的设计与论证工作，并参与了国家工信部《数字化车间工艺执行国家标准》的制订工作。

2014 年，学校正式开设工业机器人专业，郭琼和同事们从行业企业调研、人才培养方案、教学大纲、课程设置一一做起。2019 年，工业机器人教学团队被列为江苏省高校"青蓝工程"优秀教学团队培养对象。

许雪芬：

校级教学名师、首届学生最喜爱的教师

许雪芬（图 5-2-6）是苏州大学量子光学专业博士。课堂上的她，让人如沐春风。同学们说，即便他们犯了错误，许老师脸上也难见愠色。2014 年参加江苏省高校大学生物理及实验科技作品创新竞赛的人说，"我们有好几个参赛组，她每一个都亲自指导，常常要陪我们到晚上 10 点多"。在与省内众多高水平本科院校物理专业学生的竞争中，卫万成小组的"单片机控制关联电磁锁"获得二等奖，其他 4 组同学的作品获得三等奖。2018 年，许雪芬团队指导的学生 Bingbang 物理创新实验团队的作品"多功能超声波检测仪"还一举夺得"挑战杯"全国职业学校创新创效创业大赛特等奖。

从本科院校调进来的她发现高职学生课堂"抬头率"低，便带领教研室自编《简明物理学教程》和《物理实验》校本教材，打破原有体系，根据学生专业、知识水平等采取项目式、模块化教学。实用的项目式教学、贴近实际的案例讲解提高了学生的课堂参与度和学习效果。

2014 年的全国高等学校教学研究立项项目中，许雪芬主持的"应用技术型高校物理系列课程教学改革与学生能力培养的探索与实践"是全国 36 个立项课题中唯一的高职院校项目；2016 年，她领衔的物理基础及应用专业工作室上榜无锡市首批职业院校名师工作室。

许雪芬的研究方向是量子光学，近年来在物理类核心学术刊物上发表论文 30 余篇，其中 SCI 期刊 20 余篇；主持国家自然科学基金面上项目 1 项、参与 2 项，主持完成省教育自然科学基金项目 2 项；被聘为国家自然科学基金委员会评议专家，并被评为江苏省"青蓝工程"中青年学术带头人。

屈寅春：

首届学生最喜爱的教师

要问年轻大学生最头疼的基础课是什么？得到的回答中，"数学课"常常高居榜首。

有这样一位老师，他让学生发现数学课堂非但不枯燥无味，还充满了求知的乐趣和学习的热情，他的课学生都喜欢上，有时还有其他班级学生来蹭课听。他就是首届"学生最喜爱的教师"、基础课部数学教研室主任屈寅春教授（图 5-2-7），被学生亲切地称为"屈哥"。

每次接手新班级，屈寅春都要用三次课的时间让学生重新认识一下数学，

1. 图 5-2-6 许雪芬近照
2. 图 5-2-7 屈寅春近照

结合人生规划分析，让他们对数学有感性认识。他会根据实际进行教学设计，课堂上穿插各种数学游戏以及包饺子、养鱼塘等多种多样有趣的问题，逐步培养学生对数学的兴趣。

为了调节课堂气氛，屈寅春设计了数不清的小技巧来吸引学生听课。每次上完课，他都会大汗淋漓。课堂上答题正确送奖励是他常用的一招，他的包里常备着意想不到的物品，有时是几罐可乐，有时是几个橘子或者笔……答对题目的学生有幸上台领奖，捧着可乐如同捧回一座奖杯。"屈哥"的奖励不止物质上，他还会对学习有进步的学生奖励积分，到期末加入总分。加分多了"屈哥"还会自掏腰包请学生到校外饭馆"搓一顿"或者送优盘、背包等大礼。

除此以外，喜欢军事和历史的屈寅春曾在学校开过历史类选修课。每当课堂达到预期效果，他都会很大方地让学生点他们想知道的历史或者军事故事，讲上几分钟。"里面关于历史事实的评论可是屈哥出品，独一份。"这种爱好还激发了不少学生对阅读的兴趣，常有学生缠着他推荐书单。

近十年来，屈寅春和同事们一同就高职院校数学课程开展实践教学进行了深入的思考和研究。他们把数学实践和数学运用融入数学基础知识的教学中，根据不同知识点设计不同难度的数学实践教学实例，促进学生学好数学、用好数学。

赵后起：
首届学生最喜爱的教师

马克思主义学院的赵后起副教授（图 5-2-8）从教已有 30 年，被学生亲切地称为"思修老妈"。她以平等对话和交流的方式，把许多人印象中枯燥的政治课堂，变成了思想交流和观点碰撞的平台，并因此获评江苏省高校思想政治教育工作先进个人、省优秀教育工作者等。

赵后起老师主讲思想道德修养与法律基础和形势与政策课程。思想道德修养与法律基础开设在新生入学不久，看着眼前稚气未脱的懵懂少年，赵老师语调平和地告诉大家：这不单单是一门政治课，更是一门关于生命、关于人生的课程，这门课程最终的考官，将是社会和我们自己的内心。

于是，从"Hold住大学时光""构建和谐人际关系""掌握爱的能力"，到"培养现代公民素质""成长为合格职业人"，她总能以充满哲学意味的讲授给人启迪。如果你以为"思修老妈"的课堂只有高屋建瓴的大道理，那便低估了她的教学艺术和个人魅力。"思修老妈"不仅讲述普通人的故事，也关注娱乐圈，竟然还追剧，让同学们觉得眼前的政治老师不再如想象中那么刻板，代沟也慢慢缩小了。

对于同学们关注的学业、公德、友情、爱情乃至校园暴力等各类问题，她会认真地倾听、点评，即便需要付出许多额外的工作量。"教育有时候需要等待，我们的责任是引导学生思考。"

曹小兵：
首届学生最喜爱的教师

曹小兵（图5-2-9）2012年从南京理工大学博士毕业来校任教，2016年获评首届"学生最喜爱的教师"。他还是全国职业院校技能大赛三等奖指导教师、全国职业院校学生技术技能创新成果交流赛一等奖指导教师、江苏省高校本专科优秀毕业设计团队指导教师、"挑战杯—彩虹人生"全国职业学校创新创效创业大赛全国二等奖指导教师，曾获得中国人民解放军科学技术进步三等奖、省高职院校信息化教学大赛二等奖……他还是学生们喜欢的段子手。

曹小兵的课堂很"不像样"：课上课间没有明确界限，学生除了教科书和纸笔，还可以自带笔记本电脑、手机等；曹小兵会拿着从企业借来的设备进行讲解，学生随时可以打断并上前操作。

他和学生都享受这种轻松随意的课堂氛围：学生不一定要乖乖坐在下面听讲，暴露问题掌握技能最重要。曹小兵会把生活中的例子运用到抽象的理论中，流行的"连连看"游戏，他拿来解释"相似度阈值"；C语言里的分支结构，他以人生选择作比喻："我们经常要遇到岔路口，不同的选择会有别样的人生。"

氛围轻松随意，不代表对学生放任自流。同学们说，曹老师一丝不苟，"各种实验，每个组都必须做，课上没轮到的课后去办公室做。"这样一来，看似艰深晦涩的专业知识，很容易就能掌握。

曹小兵心中理想的师生关系，是像朋友一样。他很少板起脸说教，对于大部分老师都头疼的课上睡觉、玩手机等现象，除了增强课程内容的趣味性，他也会以温和的方式督促，"允许学生在课堂上游离一会儿，然后再去提醒。实在不行，我也会发飙"。

生产设备专业2015届毕业生李××，曾被曹小兵称为课堂上的"睡神"。2014年，曹小兵要去企业做一年访问工程师，临走前跟同学们告别，只见李××从课桌上抬起头来："唉，好可惜！"原来"睡神"并非对老师的关注无所谓，"起码您希望我好。"李××说，曹小兵是唯一坚持每节课提醒他的老师。

1. 图5-2-9
曹小兵近照

5.3 教学团队

学校不仅拥有一批学生喜爱的教学名师，教书达人，还有更厉害的专业教学团队，其中数控技术、汽车检测与维修技术、机械制造与自动化、物联网应用技术是国家级专业教学团队，成为国内唯一拥有 4 个国家级教学团队的高职院校。

5.3.1 数控技术专业教学团队

数控技术专业教学团队最骄人的成绩是取得了 18 项全国之"首"的纪录：首个高职数控技术应用试点专业、首批教育部教学改革试点专业、首门国家精品课程（数控编程）、首个国家级职业教育数控技术实训基地、首个国家级教学资源库，领衔多所国内高水平高职院校，做出了全国高职数控技术专业的标准和模板，国家级教学成果奖级别与数量居全国之首，并首批创办高职本科的专业，首届全国高职信息化大赛一等奖……

团队带头人由国家级教学名师、国家精品课程获得者顾京教授担纲，成员具有扎实的机电一体化专业基础理论知识功底、丰富的高职教育教学经验、较强的专业技术服务水平和实践创新能力；邀请拥有多项技术专利和丰富技术实践能力的企业技术骨干来校任兼职教师，担任该专业指导委员会成员，承担相关专业课程教学和毕业实践指导工作。

该专业建有数控技术综合实训室、SIEMENS 系统实训室、FANUC 系统实训室等，还与瓦尔特（无锡）有限公司、一汽无锡柴油机厂、无锡威孚高科技集团股份有限公司、江苏金方圆数控机床有限公司、南京第二机床厂有限公司、苏州三光科技股份有限公司、无锡市欧克机械有限公司等企业建立了稳定的校外实践教学基地。2015 年江苏省启动高校品牌专业建设工程，数控技术专业顺利入选一期工程；2017 年入选全国职业院校装备制造类专业示范点。

该专业教学团队在积极培养高素质数控技术紧缺人才的同时，出版《数控编程》等国家级规划教材 10 多部；数控技术专业学生为主体的学生代表队，在多个专业赛项中获得好成绩，毕业生成材率等名列同类院校前茅（图 5-3-1）。

5.3.2 汽车检测与维修技术专业教学团队

"汽车检测与维修技术"专业脱胎于农机校时期的内燃机专业，2000年成为首批教育部教学改革试点专业。该专业使学校成为全国机械职业教育教学指导委员会汽车类专业教学指导委员会副主任委员单位、江苏省汽车职业教育集团理事长单位、无锡市汽车工程学会副理事长和教育与培训委员会主任委员单位。

团队负责人冯渊教授主持的国家级精品课程"汽车电器与电子控制技术"，获省级教学成果奖二等奖、国家级教学成果奖二等奖。团队其他成员也具有扎实的汽车专业基础理论知识功底、较强的专业技术服务水平和实践创新能力。团队中的兼职教师均来自企业，建有省级汽车实习实训基地、"汽车电器与电子控制技术""汽车技术基础 I"两门国家精品课程，12 个课程模块组成的核心课程体系，并建成专业教学资源库；依托学校汽车实训中心、一汽无锡柴油机厂、无锡威孚高科技集团股份有限公司和上海大众江苏销售分公司等校内外实训基地，服务于苏南地区汽车后市场的高技能人才培养培训基地。多年来，该专业应用平台模式进行"一个平台多个专业方向"的人才培养方案， 2011 年与德国汽车制造品牌（奥迪、宝马、戴姆勒、保时捷及大众）合作建立中德职业教育汽车机电项目（简称 SGAVE 项目），引进全新职业教育模式，为德系汽车制造企业培养高级技术技能型人才。2015 年，该项目迎来了德国专家组审核评估，我校学生的专业技能、沟通与表达能力获得专家组好评（图 5-3-2）。

5.3.3 机械制造与自动化专业教学团队

该团队经过数十年的团队建设，成绩斐然：团队所在的部门——机械技术学院被评为2007年"全国教育系统先进集体"；2008年机械制造与自动化专业被评为"省级品牌建设专业"，2012年成为首批招收高职本科的试点专业；2009年团队被评为"江苏省高等学校优秀专业教学团队"；2010年团队入选"全国高等学校国家级教学团队"。"机械制造工艺及装备""工程材料及成形工艺基础""机械零部件造型与测绘"3门"做中学"课程获得国家级精品课程，相应的4本教材被列入普通高等教育"十一五"国家规划教材；网络课件《典型零件CAI课件》等获江苏省高等学校多媒体教学课件特等奖。

该专业教学团队以"开放、多元化实施的工学结合人才培养"新模式，不断开发专业人才培养新方案，学生实践能力、创新能力明显提高，还签约开展"订单培养"，与江阴吉鑫风电科技有限公司、无锡华润燃气有限公司、无锡贝尔机械有限公司、无锡三基机械有限公司等多家企业进行数百人的订单合作培养，引进了企业文化、企业产品知识，树立了学生的品牌意识、责任意识、竞争意识。毕业生深受企业好评，就业率均在99%以上。

该专业教学团队还于2009年与美国北卡罗来纳州皮特社区学院启动中美合作办学项目，引进美国优质教学资源、学习借鉴美国教学模式与方法，中美双方共同开发相关专业课程和教材。项目入选了2016年"江苏省高水平中外合作办学示范建设项目"（图5-3-3）。

1. 图5-3-2
汽车检测与
维修技术专
业教学团队

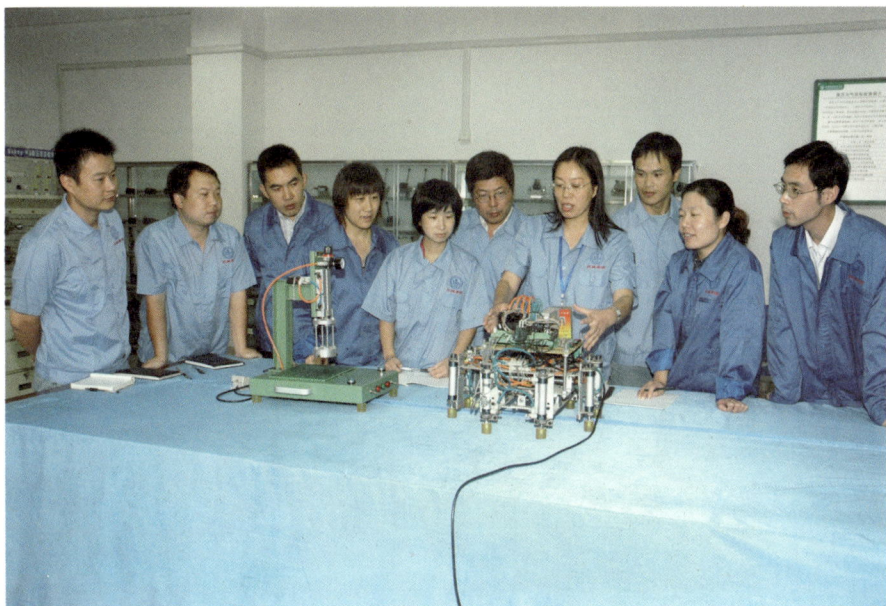

5.3.4 物联网应用技术教学团队

作为学校的后起之秀，物联网应用技术教学团队成功入选 2019 年首批国家级职业教育教师教学创新团队。该团队年轻而富有朝气，拥有研究生 40 人、博士生 18 人，江苏省中青年学术带头人 2 名。2009 年，该团队抓住物联网产业成为无锡重点发展的新兴产业重要契机，率先开设以物联网应用技术专业为核心，包括电子信息工程技术、软件技术、应用电子技术、微电子技术、计算机应用技术、计算机网络技术 6 个专业在内的物联网技术专业群，培养物联网新兴产业需要的高端技能型人才。经过短短几年建设，该专业成功列入江苏高校品牌专业建设工程一期项目。2012 年物联网工程专业成为首批高职本科试点，2014 年申获国家级"高等职业教育物联网应用技术专业教学资源库建设项目"。他们与 SK 海力士半导体、蓝深远望系统集成、文思海辉技术、华晶微电子等 40 多家企业紧密合作，开展技术研发、教材编写，建立校外实训基地。企业为了优先获得毕业生，在物联网技术学院设立海力士奖学金、富士通天奖学金、蓝深远望奖学金等，每年向学生发放奖学金达 6 万元。他们还率先举办"1+X"证书制度试点工作 Web 前端开发职业技能等级证书考试，学生职业资格证书获取率达 95% 以上。培养的学生创新能力强，就业竞争力强，就业质量高。应用电子专业的 3D 打印机发明人渠超颖同学因多项专利发明，成为全国高职学生"劲牌阳光奖学金"暨"践行工匠精神先进个人"（图5-3-4）。

1. 图5-3-3
机械制造与
自动化专业
教学团队

1. 图 5-3-4
   物联网应用技
   术教学团队

6

杰出校友

建校 60 年来，从中南路 258 号和高浪路 1600 号走出的毕业生近 10 万人，他们中有的成为技能大师、工段长、厂长、经理，有的成为国务院特殊津贴获得者、"科技功臣"，还有的成为 CCTV 年度慈善人物提名奖获得者、省市级"劳动模范""优秀企业家""最美人物"……他们像种子一样撒播在祖国的土地上，生根、发芽、成长，也许默默无闻，也许成绩斐然，但母校"严谨治学，崇尚实践"的校训精神和文化品格，在他们身上形成了永恒的烙印，无论走到哪里，他们都是"肯干、能干、会干"的无锡职院人，他们为中国制造做出了贡献，也为母校赢得了荣誉和口碑。

杰出校友

6.1

季美昌　　原无锡市机械工业局副局长、无锡威克集团公司董事长

无锡职业技术学院无锡校友会名誉会长

1963 年 9 月至 1967 年 7 月就读于学校内燃机制造专业 408 班，毕业后进入无锡动力机厂工作，他从一名车工做起，后经技术员、车间副主任、主任、生产科长、计划科长、副厂长、厂长等岗位历练，1985 年又到大学深造，毕业后任厂长。1992 年至 2011 年，历任无锡万迪动力工程集团有限公司董事长、总经理，无锡市机械工业局副局长，无锡市机械控股集团有限公司董事、副总经理、党委委员，无锡市机械资产经营公司副董事长、副总经理，无锡威克集团有限公司董事长，兼任无锡汽车工程学会理事长、无锡市机械工程学会理事长、无锡市科学技术协会常务委员。先后荣获无锡机械工业优秀厂长、无锡市优秀厂长、无锡市优秀企业家、江苏省机械工业优秀企业家等荣誉称号，当选为无锡市南长区第十一届人大代表和无锡市第十二届人大代表（图 6-1-1）。

1

1. 图 6-1-1
季美昌

姚建安　　原无锡科技职业学院党委副书记、纪委书记

无锡职业技术学院无锡校友会名誉会长

就读于农机制造专业机 405 班的姚建安和季美昌同年毕业，职业生涯的起步也在无锡动力机厂，但他走了一条完全不同的职业之路：在做好车间工人之外，爱好书法、擅写文章的他成了厂里的宣传骨干。1984 年正式转到厂宣传科工作，后任厂部办公室主任；1992 年，调任无锡市计划委员会办公室副主任、无锡市发展改革委员会办公室主任（图 6-1-2）。

从一线工人，逐步成长为骨干、管理人才，是当年中专校毕业生成长的主要路径，而无锡农机校的毕业生，总能在最初的一年里凭借过硬的综合素质吸引领导的目光。最初被借到厂宣传科工作时，姚建安除了设计、制作厂里的宣传栏、黑板报之外，还参与会务、接待等相关工作，他的文字能力在同事和领导当中有口皆碑，"动手、动脑、动笔都很重要，这些虽然不全是在校所学，却有各位老师言传身教的影响"。

2002 年至 2003 年，姚建安担任无锡市高新技术开发区管委会（无锡新区）管委会主任助理、党政办公室主任、行政管理办公室主任，2003 年至 2009 年任无锡科技职业学院党委副书记、纪委书记等职。尽管行政工作繁琐，但姚建安兢兢业业，他在读书期间养成的书法爱好也让他的生活充满诗意，他为母校创作的书法作品至今悬挂在学校国际交流中心的会议室墙上。

张逸芳　　江苏神通阀门股份有限公司董事、总裁

全国"三八红旗手"，享受国务院政府特殊津贴专家

1979 年 9 月至 1981 年 7 月就读于学校机 791 班。毕业后进入启东阀门厂工作，从一名普通的技术员成长为该厂厂长。2001 年自主创业成立江苏神通阀门有限公司，该公司是国家级高新技术企业、上市公司。张逸芳作为全国阀门标准化技术委员会委员、全国阀门标委会蝶阀工作组组长，主持行业标准 2 项，参与 4 项国家标准、25 项行业标准的制（修）订。作为第一发明人拥有有效授权专利 75 件，其中发明专利 21 件；参编 3 本阀门技术研究专著，在核心期刊公开发表学术论文 9 篇；获得 4 项江苏省科技进步奖、2 项中国机械工业科学技术奖、1 项全国工商联科技进步奖。先后被评为江苏省"有突出贡献中青年专家"、中国机械工业"优

1. 图 6-1-2
姚建安
2. 图 6-1-3
张逸芳

秀企业家"、全国"三八红旗手"、国家知识产权局"企业知识产权先进个人"、国家能源局"核电泵阀和关键部件国产化工作突出贡献奖""超超临界火电机组关键阀门国产化工作突出贡献奖"、江苏省第六届"十大杰出专利发明人"、江苏省"十行百星"巾帼创业创新典型（巾帼科技之星）、中国通用机械行业科技进步贡献奖（管理创新突出贡献奖）、江苏省"333 高层次人才培养工程"中青年领军人才、江苏省"六大人才高峰"培养对象（图 6-1-3）。

胡长华　　徐州煤矿安全设备制造有限公司董事长兼总经理
　　　　　　徐州市人大代表、政协委员
　　　　　　享受国务院政府特殊津贴专家

1984 年 9 月至 1987 年 7 月就读于学校机 841 班。毕业后进入徐州煤矿安全设备制造厂工作，从技术员一路做到厂长。2001 年创立徐州煤矿安全设备制造有限公司，任职董事长兼总经理。1991 年进入南京大学企业管理专业学习，2018 年从中国矿业大学高级工商管理硕士（EMBA）毕业。历任徐州市第十四届、第十五届人大代表，徐州市第十五届政协委员；荣获国家科学技术进步奖、国家技术发明奖。江苏省首批"科技企业家培育工程"、江苏省有突出贡献的中青年专家培养对象、中华国际科学交流基金会杰出工程师等奖项或称号（图 6-1-4），2018 年享受国务院政府特殊津贴。

杜庆永　　徐州煤矿安全设备制造有限公司副总经理
　　　　　　享受国务院政府特殊津贴专家

1984 年 9 月至 1987 年 7 月就读于学校机 841 班。毕业后分配到徐州煤矿安全设备制造厂工作，从技术员一路做到分管技术的副厂长。2001 年，与校友一起创业，成立徐州煤矿安全设备制造有限公司，担任副总经理职务，主持技术工作。自参加工作以来，他一直从事产品研发和技术改造工作。先后获原国家安全生产监督管理总局（现中华人民共和国应急管理部）安全生产科技成果奖三等奖、江苏省科技进步一等奖、国家科技进步二等奖等；参与编写行业标准 6 项，获专利授权 6 件。2012 年获江苏省有突出贡献中青年专家称号，2016 年享受国务院政府特殊津贴（图 6-1-5）。

王丽萍　　东风悦达起亚汽车有限公司工会主席、董事秘书
**　　　　　盐城市十大杰出青年、"五一劳动奖章"获得者**

　　1986 年 9 月至 1990 年 7 月就读于学校汽车 861 班。毕业后，怀揣对汽车专业的热爱，从基层做起，在悦达汽车奉献 20 多年，见证并参与了企业从小到大、由弱到强的发展全过程，先后主持公司三个工厂的投资建设，参与 20 多个新车型开发，牵头研发 5 款新能源汽车。其设计项目多次荣获国家、省级奖项，个人荣获盐城市十大杰出青年、"五一劳动奖章"获得者、"最美巾帼人物"，家庭被评为"全国最美家庭"。现为东风悦达起亚汽车公司工会主席、董事会秘书、战略企划部部长，研究员级高级工程师、高级经济师（图 6-1-6）。

姚剑锋　　无锡透平叶片有限公司技术质量主管
**　　　　　无锡市劳动模范**

　　1995 年 9 月至 1999 年 7 月就读于学校机电 9524 班，中共党员。毕业二十余年来，深耕在无锡叶片行业，从一个普通的操作工起步，一路做到现场施工员，再到机加工部技术质量主管，他始终坚持在一线现场摸索、攻坚克难、啃"硬骨头"。2008 年，他在与同事们的共同努力下，提出了叶片加工的"五步法"，使叶片叶根表面粗糙度质量得到了控制，为公司外贸产品的拓展赢得了市场和信誉。在平凡的岗位上，他攻克了透平叶片机加工实践中的一个又一个技术难关，完成技术革新 36 项。2009 年荣获无锡市"劳动模范"荣誉称号（图 6-1-7）。

沈剑标　　无锡智能自控工程股份有限公司董事长、总经理
**　　　　　无锡职业技术学院无锡校友会会长**

　　1979 年 9 月至 1981 年 7 月就读于学校机制 791 班。毕业后留校任教，先后担任学校实训股股长、无锡智能仪器仪表厂（实习工厂）厂长等职；2001 年自主创业，成立无锡智能自控工程股份有限公司，现任公司董事长、总经理。工作之余，沈剑标从来不忘学习，进修了 EMBA 硕士，成为高级经济师、工程师；他还兼任江苏省调节阀工程技术研究中心主任、国家标准化委员会委员（SAC/TC124/SC1 技术委员会）等（图 6-1-8）。

1. 图 6-1-6
   王丽萍
2. 图 6-1-7
   姚剑锋
3. 图 6-1-8
   沈剑标

路保军　　徐州市人社局职业能力建设处处长

1982 年 9 月至 1985 年 7 月就读于学校机 822
班，在校期间任学生会主席。毕业后留校在团委工
作，后调动到原徐州市劳动局，在徐州市职业技术
培训中心、局政工、办公室、就业管理中心、职业
技能鉴定指导中心、医疗保险、信访、职业能力建
设和市技工教学研究室等多个部门和单位工作。他
作风扎实，业务精湛，一直兼任徐州市技师协会副
会长，堪称技能人才培养方面的专家（图 6-1-9）。

胡卫林　　苏州开元集团有限公司董事长
**　　　　　无锡职业技术学院苏州校友会会长**

1980 年 9 月至 1980 年 7 月就读于学校热 801 班。
历任苏州指甲钳厂技术科科员、团总支书记，苏州
三元五金电器厂厂长，苏州市开元化工有限公司监
事，苏州包钢开元物流有限公司和扬子江新型材料
股份有限公司董事长，苏州德峰矿产有限公司、上
海勤硕来投资有限公司和苏州汇泉投资管理有限公
司执行董事，吉林普瑞特生物科技有限公司董事长
（图 6-1-10）。

　　1993 年，毕业 10 年的胡卫林离开国有工厂，成立了自己的钢材经营门市部，
当时门市部仅有 3 个人，他以一辆自行车作为交通工具联系业务，用借来的三
轮车拉货、送货。身边的人戏谑他扔掉"铁饭碗"，开始"搬砖头"，却没想
到，这个小小的门市部，就是苏州开元集团发展轨迹的起点。作为企业核心领
导者，胡卫林以勤奋、执著、诚恳待人的品质影响和感染着一批批乐于奉献的
员工，使他们紧紧凝聚在一起，团结协作、兢兢业业。如今，苏州开元以"诚
信、谦和、致恒、至善"为核心价值观，积极参与社会公益事业，公司每年积
极参加市、区、街道各种公益捐助。胡卫林还率先在苏州市职业大学以公司名
义设立"苏州开元奖学金"，奖励优秀学生和资助贫困学生。

常纪平　　江苏兆胜集团董事长
**　　　　　扬州市人大代表、泰州市人大代表**
**　　　　　无锡职业技术学院泰州校友会会长**

　　1984 年 9 月至 1987 年 7 月就读于学校内 841 班。毕业后分配到泰兴市
机床厂，从一名生产一线的技术员一步步成长为车间主任、总师办主任、副

1. 图 6-1-9
　路保军
2. 图 6-1-10
　胡卫林

厂长、总工程师、副总经理、董事长。先后承担多项国防设备国产化、国防重点项目配套产品的研制任务，为海、陆、空、火箭军、战略支援部队等各军兵种提供了可靠的产品和优质的服务，为我国国防事业和装备制造业发展作出了自己的贡献（图 6-1-11）。

蔡连生　苏州塞维拉上吴电梯轨道系统有限公司总经理
无锡职业技术学院机械联大校友会会长

1987 年毕业于学校无锡机械工业联大铸造专业。毕业后开启创业历程，从无到有，从弱到强，现任苏州塞维拉上吴电梯轨道系统有限公司的总经理，江苏天吴投资集团有限公司董事长，苏州湾外

国语学校董事长。2014 年开始投资教育事业，每年为当地的教育、文体、养老等诸多社会公益事业领域捐资，总数已达几百万元，在当地享有极高的声誉（图 6-1-12）。

张礼建　常州中兴华达科技股份有限公司总经理
无锡职业技术学院常州校友会会长

1987 年 9 月至 1991 年 7 月就读于学校机制 871 班。在校期间曾获得市"三好学生"、市"新长征突击手"等称号。毕业后，他一直深耕在国家通信基站建设行业，2007 年在常州市国家高新区自主创业，成立了常州中兴华达科技股份有限公司，2019 年公司在全国中小企业股份转让系统挂牌上市。他带领通信技术团队刻苦钻研，曾获得多项专利和软件著作权，公司通过中国泰尔产品认证、知识产权管理体系认证，并获得国家高新技术企业、

软件企业、信息安全管理体系、CMMI3 级证书。他还积极响应国家"一带一路"倡议，远赴东南亚、中东通信市场，挖掘海外市场，推广中国制造。他参与了 4G"宽带中国"建设，并将投入 5G"万物互联"时代（图 6-1-13）。

孙海甲　悦达融资租赁有限公司总经理
无锡职业技术学院盐城校友会会长

1987 年 9 月至 1991 年 7 月就读于学校汽车 871 班。毕业后在悦达汽车工作，

参与了悦达汽车成长壮大的每段历程。先后主导了东风悦达起亚服务体系搭建与后市场营销工作，推动了悦达汽车金融业务的筹建与快速发展，在汽车及金融领域有着较高的知名度。历任东风悦达起亚汽车有限公司企划部副部长、管理部部长，悦达资本股份有限公司副总经理兼悦达融资租赁有限公司总经理，江苏省融资租赁行业协会副会长。多次荣获悦达集团"先进工作者""优秀党员"称号和"汽车金融 20 年 20 人行业推动奖"（图 6-1-14）。

张　钊　博信矿山科技（徐州）股份有限公司总经理
无锡职业技术学院徐州校友会会长

1988 年 9 月至 1992 年 7 月就读于学校机制 882 班。毕业后进入徐州机械工业公司，一直从事所学专业相关工作，历任技术员、质检科长等职务，专业技术水平、工作能力、管理能力在单位及行业内广受认可。2005 年创立徐州众信矿山设备制造有限公司，任公司法人代表、总经理。公司从零开始，在不到 6 年的时间里已在行业内综合实力及销售额位居前三。现公司更名为博信矿山科技（徐州）股份有限公司，公司重点研发新型矿用提升设备及操车设备，着力于推动矿山提升运输设备的安全化、自动化改造（图 6-1-15）。

徐睿晗　连云港元丰机械制造有限公司总经理
无锡职业技术学院连云港校友会会长

1990 年 9 月至 1994 年 7 月就读于学校仪 901 班，先后就职于中意合资连云港连利水表有限公司、连云港纺织机械厂。2008 年开始自主创业，成立连云港元丰机械制造有限公司。为人诚恳踏实的他不仅事业稳步发展，而且工作二十多年来始终坚守着"一日为师终身为父"的古训，对母校始终心怀感恩，只要有无锡职院的老师或校友去找他，不管有多忙，他都放下工作，热情接待，周到服务，尽可能给母校工作提供支持与帮助（图 6-1-16）。

于　勇　北京天泽电力集团有限公司董事长
无锡职业技术学院北京校友会会长

1990 年 9 月至 1994 年 7 月就读于学校热 901 班。1994 年 8 月至 1997 年

1. 图 6-1-14
孙海甲
2. 图 6-1-15
张钊
3. 图 6-1-16
徐睿晗

9 月就职于江苏扬州能源通用机械厂，1997 年创立北京天泽电力集团有限公司。该公司是集技术研发、生产、销售、物流和售后维修服务为一体的综合集团化公司，全球电气连接安装工具领域的领航者，曾填补了中国高铁电气连接设备的空白。多年来，于勇及他所领导的北京天泽电力集团有限公司先后荣获国家"高新技术企业""2012 中国铁路电气化技术装备创新技术奖""十大创新技术奖""电力行业创新案例奖"等荣誉（图 6-1-17）。

一汽锡柴的企业明星团队

在一汽解放汽车有限公司无锡柴油机厂的光荣榜上，有这样一个团队，他们立足发动机 6DL 制造线岗位，兢兢业业，默默奉献。虽然性格各异，但踏实、肯干、爱钻研的优良品质，使他们成为一汽锡柴的企业明星团队，他们全部是无锡职院毕业生。他们分别是"奥威"线上的蓝领专家黄成、尽职的奥维缸盖线工段长杨林、将创新进行到底的陈绍华、金牌工人陶宇昇和技术能手型值班长姜列佳（图 6-1-18）。

来自苏北农村的黄成，1996 年毕业进入一汽锡柴，从操作数控磨床做起，逐步成长为大型卧式加工中心操作工，6DL 加工车间工艺师、总工艺师、一汽集团技术专家，乃至一汽集团高级技术专家，享受集团高级经理待遇，并成立了黄成大师工作室。目前，黄成担任了一汽锡柴重机部总工艺师，成为生产高端国Ⅳ柴油发动机 7 个工段的技术主管。

1. 图 6-1-17
   于勇
2. 图 6-1-18
   一汽锡柴的企业明星团队（从左到右依次为：陈绍华、黄成、姜列佳、杨林、陶宇昇）

CA6DL机加工车间的另一个知名人物就是1999届毕业生杨林，他不仅带出了"中国一汽模范班组"，还于2009年、2010年获得过全国QC成果发布比赛第一名。作为6DL缸盖线工段长，杨林对待工作始终饱含着无限热情。2012年，他负责的6DL缸盖线"优化GG–T6011/T6012 MAPAL复合镗刀"，实现降本40余万元。由他创建的6DL"天勤"QC小组在参加全国、一汽集团和解放公司的比赛中频获大奖，尤其是获得了"解放公司QC成果"的四连冠。目前"天勤"队伍愈发壮大，成为越来越多一线操作者们展示自己才华的舞台。

善于创新的陈绍华是2001届毕业生，也是一汽锡柴CA6DL车间6DL缸体线工段长，曾获得过一汽集团先进职工、"无锡市五一劳动奖章"等荣誉称号。陈绍华走上工作岗位以来从未停止过学习，通过勤学苦练逐渐成长为本职工作的行家里手，获得过"无锡市岗位技术能手"、无锡市"知识型员工"荣誉称号。2004年担任生产线工段长后，他带头创新生产技术，从2010年到2012年，他负责多项技术改进项目，累计为工厂降本增效100万元左右。他带领的创新团队获得"一汽解放公司优秀班组""一汽洪军式先锋班组""厂特殊贡献团队""厂五星班组"等殊荣。

金牌工人陶宇昇是2000届数控专业毕业生，现为一汽解放无锡柴油机厂CA6DL机加工车间高级技师、操作师。进厂以来，他先后获得一汽集团技术能手、技术状元、优秀员工、"做实改观，建功立业"竞赛功臣、无锡市有突出贡献技师、无锡市金牌工人、无锡市技术能手等荣誉。他善于自学，凭着扎实的知识和技能完成了6DM缸盖线接轨6DL车间模式稳定运作、天然气缸盖与L系列缸盖共线生产NC程序研究、加工中心测量装置防错检测应用等工作任务，并获得过解放公司数控比赛第五名、无锡市数控比赛第二名的好成绩。

技术能手型值班长姜列佳是2002届数控专业毕业生，多年来，他勤学苦练，业务技能提升快，在市级、省级、一汽集团、解放公司等的技能大赛中均有优异表现，并获得了一汽集团技术状元、解放公司技术能手等多项荣誉称号。他前后试制了640/682/68F/437等多种气缸体新品，成功试制出精度高的零部件，解决了质量问题。他组织了"编制《6DL缸体线三坐标报告分析、调整案例集》质量难题攻关"，解决了生产线部分员工技能不强，造成首件调试、工艺调整失误引起的质量问题。作为生产线值班长，姜列佳在工作中大力推行新管理思路，带领班组多次获得厂"五星班组"、无锡市"学习型组织"、解放公司"优秀班组"等荣誉。

正是有了这样一批扎根在一线岗位的工匠，推动了我国内燃机开发与制造水平一举跨入国际先进行列。

朋辈引航

《礼记·学记》"独学而无友，则孤陋而寡闻"，简明扼要地道出了朋辈之间相互学习、交流、切磋的重要性和必要性。大学是一个人学习知识的殿堂和精神成长的家园，向身边的同伴学习、学长请教、朋辈互助，是适应大学生活、掌握学习方法、习得专业技能、转变思维方式的捷径通途。下面我们一起来看看曾经活跃在无锡职院校园里的一批又一批科技创新达人、技能竞赛冠军和发明专业户。

6.2.1 CCTV 全国大学生机器人电视大赛季军

科技协会中的校机器人团队是曾经创造很多骄人业绩的学生社团。他们多次参加由中央电视台主办的全国大学生机器人电视大赛。

2007 年第六届全国大学生机器人电视大赛共有 37 所高校代表队参加，其中高职高专院校仅有无锡职院和深圳职业技术学院两所。当年的大赛主题为"华夏之光"，是根据黄帝造指南车的故事确定的。按照比赛规程，由两个代表队操纵各自的 4 台手动和自动机器人同时上场用木块建造各种战车，在 3 分钟内最先建成"指南车"的代表队胜出。6 月 19 日分组赛开赛后，我校代表队的蒋军、王淮民、王松达等同学先后操纵"双龙"1 号、2 号和"风火轮""魔蝎"机器人上场角逐。第一场出师不利，负于台湾明新科技大学队。第二场打得十分激烈，双方的机器人一直是交替得分。三分钟过去了，谁都没有造成"指南车"，而大屏幕上显示的得分是 11∶11。后经评委认定，对方机器人有一次犯规，扣掉一分，我校获胜。随后，我校队员在初赛最后一场中以 16∶4 的大比分获胜，顺利进入 16 强。在

16 进 8 的复赛中，我队遇到的第一个劲敌，是曾经获得亚军的国防科技大学队。一场鏖战之后，我校最终以 11∶8 的微弱优势获胜。接着，队员们一鼓作气，用 1 分 20 秒的速度造车成功，成功跻身四强，进入半决赛，爆出了本届大赛的冷门（图 6-2-1）。

1. 图6-2-1 第六届全国大学生机器人电视大赛现场

半决赛的对手是西安交通大学队，他们的机器人基本上每场比赛都能造出"指南车"，最快一次仅用了44秒。面对高手，我校队员沉着应战。赛场中央有五根柱子，能否把木块放到当中那根"公共柱"上，是决定造车能否成功的关键，自然也成了双方混战的焦点。比赛一开始，我队又失利——干将"风火轮"还没进内场就死机，只能靠剩下的2台自动机器人和1台手动机器人硬拼。3分钟很快就要过去，对方正在把第三块木头放上"公共柱"，这时，我校"双龙1号"赶到"公共柱"前，只见它巧妙地避开干扰，搬起了"公共柱"上对手的木块。这个精彩的"搬起"动作，使对方的造车计划成了泡影，也打出我校的威风。顿时，观众席上的掌声、欢呼声响成一片。历时两天的大赛落下帷幕，我校代表队与北京邮电大学队并列第三名，成为高职高专院校的骄傲。

6.2.2 江苏省理工科大学生人文社会科学知识竞赛一等奖

一名高职生能在与一流本科高校学生的同台竞争中捧回大奖，这不仅在社会上引起了不小的反响，也让姜其峰自己感到自豪："在78 000人的初赛中，我以第一名的身份进入总决赛，这就说明我们专科生并不比本科生差，我们可以通过努力去实现自己的奋斗目标。"

2007年3月31日上午，江苏省第二届理工科大学生人文社会科学知识竞赛决赛在江苏教育电视台举行。无锡职院汽车技术系汽修/营销10612班姜其峰同学，在抢答题、必答题、限时答题和风险题等6个环节的群雄纷争中，一路过关斩将，最终夺得一等奖第一名，这也是他第二次获得该项赛事一等奖（图6-2-2）。

1. 图6-2-2
   姜其峰同学
   在赛场留影

姜其峰最大的爱好是阅读。作为一名汽车专业的工科生，他对人文社科类知识也充满了兴趣。"理工科在于逻辑思维与抽象思维的结合，更多的是明白物与物之间的关系，通过推理找到正确的答案；而文科在于形象思维与抽象思维的结合，更多的是明白人与事物之间的关系，通过联想找到正确答案。相比之下，文科知识要灵活一些，但只要找到规律，学起来也不难。"在姜其峰看来，学理工科的，也要学些人文社科知识，这对成长十分有利，能够在今后更好地适应社会需求。

2010年毕业时，姜其峰同学因为博学多才被多家企业录用，最后他选择了最能发挥自己优势的中信银行苏州分行信用卡部。如今工作十年的他已经是中信银行信用卡中心南京分中心的副总经理，他说是"母校的学习生涯深刻地改变了我的人生成长轨迹"。

6.2.3 全国职业院校技能大赛冠军：我们就是奔着一等奖去的

全国职业院校技能大赛由教育部发起并牵头，联合人力资源和社会保障部、工业和信息化部等及国务院有关部门、有关行业、人民团体和地方共同举办的国家级一类大赛，也是专业覆盖面最广、参赛选手最多、社会影响最大的职业院校技能赛事。自2008年开赛以来，成为衡量各高职院校教学质量和学生职业综合技能的重要指标。无锡职院从第一届大赛以来，已经先后获得高职组国家级金银铜奖53块奖牌，其中金牌21块，从"注塑模CAD设计与主要零件加工""产品造型设计及快速成型"，到"三维建模数字化设计与制造""工业机器人技术应用""物联网技术应用"，再到"工业产品数字化设计与制造""移动互联网应用软件开发""电子商务技能"，参赛项目几乎覆盖了学校所有工科经管设计类专业，其中"三维建模数字化设计与制造""注塑模具CAD/CAE与主要零件加工""工业机器人技术应用""物联网技术应用"赛项多次获得一等奖。每当问起获奖感言，师生们都会不约而同："得知获奖消息虽然很惊讶，但其实，我们就是奔着一等奖去的！"（图6-2-3）

1. 图6-2-3 全国职业院校技能大赛冠军、"三维建模数字化设计与制造"项目选手数控设备11201班江峰、数控11232班吴涛领奖现场

参加全国职业院校技能大赛不仅提高了学生们的技术应用能力，也培养了他们的工程实施能力、团队协作能力、计划组织能力等职业素养，促进了学生的成长成才。曾经获得全国大学生电子商务"创新、创意及创业"赛一等奖的连锁40931班崔建彬、营销40901班葛云啸、财务40901班潘玉巧、

营销 41091 班的邓雪嫣和潘华广等，毕业三四年就成为单位的业务骨干和部门负责人。队长崔建彬如今担任无锡大剧院保利管理有限公司运营中心部门经理，谈吐严谨，要言不烦。提及大学三年的生活，他还是对当年参加大赛充满感恩：参赛不仅让我们懂得了如何找到解决问题的方法和途径，更让我们学会了吃苦耐劳。

6.2.4 高职校园里的"发明家"

早在十多年前，无锡职院就把创新创业作为人才培养模式改革的重要方面，逐步形成课堂教学、项目训练、科技活动等多层次全方位的教育体系，不仅配备指导老师，还为学生的创新项目提供必要的实训设备和资金支持。在这一系列措施的影响下，不少同学参与到各类科技创新活动中，有的还成了小有名气的"发明家"，许武、王康、渠超颖等就是其中的佼佼者。

许武在校期间就读于机电 50432 班，他从 2006 年 3 月开始想拿发明专利，半年里接连申报了 3 项，成为学校 2006 年度十件大事之一。到毕业前，许武共申获 5 个专利。"高中时，我很贪玩，不思进取。有一天，我突然感到学校大门前的那尊铜像特别高大威武，让人肃然起敬。那是一个院士的铜像，从那天起，我开始崇拜科学家，萌生了发明创造的想法。"进入我校后，许武发现不少同学在搞科技制作，有的还参加全省、全国的大赛，联想到高中时的梦想，许武从大一下学期开始，就认真着手创新设计。

之后，许武变得越发珍惜时间，同学们出去玩的时候，他泡在图书馆看书，或是在实验室里探索。搞发明制作花费了他大量的时间和精力，但他的成绩仍旧在班上保持中上等。创新发明的过程中难免遇到困惑和难题，许武也总是请教老师，或者找志趣相投的同学一起讨论研究。对于失败，他从不灰心，因为他坚信"心若在，梦就在，失败也不过是从头再来"。2006 年 5 月，许武和两位同学共同设计制作的"下肢减重康复机械手"作品，一举在江苏省首届大学生机械创新设计大赛上获得三等奖。这份成绩，更加鼓舞了许武的信心，也让他对未来充满了期许："学历只是一块很小的敲门砖，以后的路还要靠自己的能力踏踏实实走下去。"

2013 级数控设备应用与维护专业的王康（图 6-2-4）在校期间成功申请 16 项专利，其中发明专利 1 项、实用新型专利 15 项；自学 3D 打印技术，自制 3D 打印机；参与省级大学生创新创业项目 4 项、学校创新创业课题 2 项；参加全国高等职业院校"发明杯"大学生创新创业大赛，获一等奖 2 项、二等奖 1 项；参加全国职业院校技能大赛获一等奖；获 2015 江苏省年度人物提名……

王康的小发明大都源于日常生活中的灵感，而学校科技协会定期的"头脑风暴"会对这些灵感的可行性进行讨论，进而付诸实施。

　　"比如春天有同学出去骑行踏青，用手机导航很费电，我们就想办法设计一种发电装置。"王康和科技协会的小伙伴们坐到一起，讨论如何延长手机续航时间，最终设计出"骑行发电装置"。还有一次，在酒店兼职的同学回来抱怨每天要擦洗大量的高脚杯，"宽口的还好应付，遇到窄口、细长身形的杯子，很难洗干净。"王康听后思量：何不做一种高效的刷杯子工具？经过分析和不断尝试，他和同伴做成了螺旋式杯刷。不久，"一种手握螺旋式杯刷"成功申请获批实用新型专利。

　　从生活中的各种"不方便"捕捉灵感，使得王康的"小发明"具有一定的市场前景和推广价值。他参加"发明杯"获得一等奖的作品"气动摩擦离合制动器检测装置"可以提升不同规格、批量较大的离合器检测效率，被中小型企业用于检测成本控制。

　　渠超颖 2014 年考入应用电子专业。他课堂上求知若渴，课余的绝大部分时间则交给了图书馆和实验室。加入科技协会后，他迷上了科技发明制作，扎实掌握了 Arduino 单片机编程、STM32 单片机编程、QT 嵌入式语言、Processing 编程语言等多种软硬件开发技术，还深入学习了 SolidWorks 等三维机械设计软件。

　　作为无锡市十佳社团，无锡职院科技协会有着良好的创新氛围和"传帮带"模式。渠超颖在这个集体中不仅汲取了知识的营养，也为自己的科技创新打下了扎实的基础：大一上学期，他跟随会长王康学习制作 3D 打印机，并对精度、外观等进行了改进；到了下学期，王康给了一些资料，鼓励他做一台自动绘图机。一个月后，"自动墙面绘图机"初具雏形，其中"所有机械方面的零部件来自我自己做的 3D 打印机"。

　　大学期间，渠超颖主持或参与了江苏省大学生创新创业训练计划 4 项；完成科技创新作品 7 个，个人申请发明专利 2 项，申获实用新型专利 9 项；获得

1. 图6-2-4
2015江苏省年度人物提名奖获得者、数控设备应用与维护专业王康在设计制造无人飞行器

"国家励志奖学金"、全国高职学生"劲牌阳光奖学金"暨"践行工匠精神先进个人""富士通天奖学金""无锡市优秀学生干部"等多项荣誉。

6.3 学长漫谈

2019 年 10 月 18 日，学校迎来了建校 60 周年校庆，校园里处处洋溢着节日快乐的气氛。从无锡农机校时代、无锡机械制造学校时代以及无锡职业技术学院时代走出去的新老校友们，从祖国的四面八方汇聚到母校，与同学回忆往事、与老师共话师生情深，与学弟学妹们畅谈职场沉浮和人生经历。尽管风尘仆仆，归来仍是少年，对母校的情怀始终如初。下面一起来看看各专业的优秀校友代表以及他们的人生信条。

胡玉军：

创新创业正当时

胡玉军（图 6-3-1）是中共党员，现任淮安天工传动科技有限公司、江苏土工设备有限公司董事长、淮安校友会会长。1977 年至 1980 年就读于机械制造专业机 771 班。毕业后他被分配到清江拖拉机制造厂工作，曾参与我国第一个在国际比赛中获得一等奖的"江苏 -504"型拖拉机研发及批量生产技术工作；独自设计"一种可适应水田作业的小四轮拖拉机"，获得国家专利，被多家媒体报道，载入 2000 年"淮安大事记"。2005 年，胡玉军辞职应聘到一家年销售额 5 亿元的民企任总经理。2007 年 52 岁时，在同学韩成荣（机 771 班团支部书记）帮助下，创办"淮安天工传动科技有限公司"。这期间，他的"一种小型装载机变速箱"和"一种自动控制的装载机变速箱"两个发明获得专利，并分别获得国家科学技术部、省科技厅和市科技局科技项目资金支持，他本人也获得了淮安市科技进步奖。2013 年，又创办了"江苏土工设备有限公司"，配套生产土壤仪器。

1. 图 6-3-1 胡玉军近照

倪国平：

智慧来自勤奋

倪国平（图 6-3-2）是江苏新陵摩托车制造有限公司总经理、无锡市摩托车（电动车）行业协会秘书长。1978 年至 1980年就读于机 781 班，在校期间曾担任班长、学生会主席，获评无锡市三好学生标兵。毕业后留校工作，先后担任校基建办负责人、汽修厂副厂长、校办副主任等职。他工作认真负责、能力强、兴趣爱好广泛，在老校区发展建设中，他多次代表学校与地方政府土管部门协调征地扩建事宜，促成了实验大楼等的建设，并为学校与省教育厅及兄弟学校的纵、横向发展等立下汗马功劳。

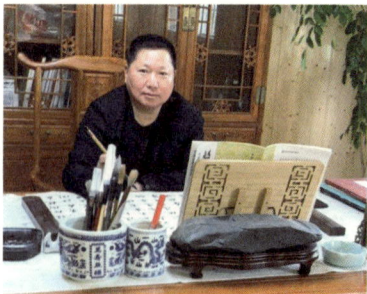

章 绘：

有梦想就会有动力

章绘（图 6-3-3）是中共党员、高级经济师、高级理财师。江苏银行南通分行零售业务总经理、南通校友会会长。1985年至 1988 年就读于机 8501 班，曾任校第八届学生会主席。毕业后，他先后在中航高科股份有限公司、江苏文峰连锁发展有限公司、江苏银行 3 家上市公司工作。他业务能力出众，连续 6 年在江苏银行零售业务综合考核中排第一，多次被评为江苏银行总行级明星个人、零售业务优秀总经理、分行先进个人、优秀党员、明星党务工作者、优秀党支部书记。他怀揣梦想不断奋进，在学历上读到南京大学研究生毕业，学术上有 30 多篇论文在全国发表获奖，并出版专著《濠银之歌》，还兼任兰州大学硕士研究生导师。

谢海翔：

有追求才会有进步

谢海翔（图 6-3-4）是中共党员，现任南京广播电视集团党委委员、南京广播电视台副台长，南京校友会名誉会长。1986 年至 1989 年就读于我校为常州职业

1. 图 6-3-2
   倪国平近照
2. 图 6-3-3
   章绘近照
3. 图 6-3-4
   谢海翔近照

技术师范培养的机械制造专业8602班（简称常职师班）。他多才多艺，在校期间担任学生会主席，组建了多个学生社团，使学生文化生活从无到有、从有到优、从优到精，不断推向新的高点。毕业后，他考入南京经济广播电台担任节目主持人，多年坚持在广播电台一线工作，主持的节目得到广大听众和同事们的一致认可。他说，在校学习三年，母校老师严谨治学、言传身教的点点滴滴给他后来的成长带来无穷的力量。

陈　飞：

成功来自不倦的努力

1

陈飞（图6-3-5）现任荣邦集团总裁、南京广龙厨具工程有限公司总经理、南京校友会会长，是餐厨行业最具影响力企业家。1986年至1990年就读于热861班。毕业后到南京仪表机械厂工作，1992年开始经商，先后创办南京捷佳不锈钢制品厂、南京广龙厨具工程有限公司、荣邦餐饮投资管理发展有限公司、天厨顾问设计（亚洲）有限公司等企业，他还在高科技节能环保领域投资了国内外实力较强的企业。集团业务围绕两大板块：一是餐饮领域，围绕高端酒店、航空配餐、大型食品厂、社会及企事业餐饮，是全国唯一的拥有餐饮全过程EPC所需的专业资质及多个成功案例的企业；二是绿色节能环保领域，依托瑞典维创世界领先的专业技术及上海斯熠本土化实施能力，建设了全国唯一的带二分类的垃圾自动收集系统，实施了20多个食物垃圾自动收集系统和排烟自动控制系统案例。

秦　春：

秉心出发　逐梦前行

2

秦春（图6-3-6）是无锡格瑞斯精密机械有限公司总经理。1994年至1998年就读于机制941班，任团支部书记，毕业后入职无锡微研有限公司。他曾参与并成功开发的硅钢片自动叠装模具，达到日本同类模具品质。还参与国内首套高速冲压翅片模具开发项目，并利用Pro/ENGINEERR软件自主开发设计高速公路

1. 图6-3-5 陈飞近照
2. 图6-3-6 秦春近照

反光镜系列模具，成功打入日本市场。2004年他创建无锡格瑞斯精密机械有限公司，目前年产值达数千万元，在多个重大项目上实现技术突破，申获几十项发明和实用新型专利，2015年获无锡高新技术企业称号。

吴菊生：
哪里需要去哪里

吴菊生（图6-3-7）是广东省典当行业协会会长，原广东省商业厅副厅长，我校首届毕业生。1960年9月至1964年7月就读于内燃机制造402班。1964年毕业被分配到广州一家中央直属企业工作。40年职业生涯中，他从事过商业、工业、教育、经济管理等工作，在国有企业和政府部门之间"三进三出"，在12个省级直属单位任过职。

20世纪70年代，34岁的他被选任为广东省商业厅副厅长。80年代，他转任广东省商业储运公司总经理，盘活了长期亏损的落后企业，成为省商业系统盈利大户。90年代，他临危受命兼任广东省食品企业集团公司党政一把手，仅用4年时间救活了拥有4000员工、负债13亿元、濒临破产的大型国企，后来该公司成为上市公司。21世纪初，他任广东省饲料工业办公室主任，大力推动新兴饲料工业的发展，使广东饲料工业成为全国同行业排头兵。退休后，他发挥余热组建了广东省典当行业协会，并担任会长，带领广东典当企业一步步做大做强。

赵世平：
勤学多思长才干

赵世平（图6-3-8）是中共党员，常州市第十一届、十二届、十三届政协委员，十三届政协常委。1977年进入机制772班学习。在校时曾任校学生会主席，1980年毕业分配到常州机械学校工作；1984年调任常州机械冶金工业公司企整办科员；后来曾在常州团市委、市青联、市政府侨务办公室等处任职；2006年12月调任常州市民族宗教事务局局长、党组书记、市委统战部副部长；后历任常州市政协社会法制与民族宗教委主任、市政协文史馆筹建办公室顾问。

他在每个岗位都干出突出成绩，先后被评为2005年"江苏省维护国家安全

先进个人";2006 年"全国社区侨务工作先进个人"、2010 年"常州市精神文明建设先进个人";2013 年,被江苏省军区授予预备役中校军衔,并获评"江苏省民族宗教系统先进个人"。2014 年 9 月,他还作为国务院表彰的"全国民族团结进步模范集体"代表,出席中央民族工作会议暨国务院第六次民族团结进步表彰大会,受到党和国家领导人的亲切接见。

2016 年国家宗教局《中国宗教》杂志第五期,以《把工匠精神融入宗教工作——赵世平的宗教工作情怀》为题,对他做了人物专题介绍。他博学多才,1989 年创作的《中国现代抒情诗钢笔书法字帖》由复旦大学出版发行;2015 年主编的《延陵传奇》由江苏凤凰文艺出版社出版发行。

杨诗斌：
文理兼修相得益彰

杨诗斌(图 6-3-9)1982 年就读于机制专业 821 班,1984 年毕业后分配在原无锡轻工业学院(现江南大学)从事实验教学和科研工作。

他所带的本科生毕业设计多年获得校级优秀;曾任无锡轻工大学科技开发总公司项目经理;是无锡轻大食品装备有限公司初创人之一,担任产品研发主设计师;2003 年获评高级工程师。2007—2010 年,他任江苏南方机电股份有限公司技术开发部长,完成了上海日野发动机有限公司汽车发动机零部件国产化等项目。2011—2014 年,他筹建江南大学君远工程中心,任副主任。现任江南大学机械工程学院实验中心主任。他曾获得国家发明专利 14 项,中国商业联合会科学技术进步奖一等奖,中国轻工业联合会科学技术进步奖二等奖。

杨诗斌不仅工作出色,业余时间还爱好现代诗歌创作,作品刊发于《北京文学》及《诗刊》《星星》等诗刊,出版个人诗集《突然的美》,并任无锡诗歌学会副会长兼秘书长。

孙会桃：
为中国环卫事业添砖加瓦

孙会桃(图 6-3-10)1999 年 9 月至 2004 年 7 月就读于汽车检测与维修专业 9911 班。毕业之后经过镇江跃进农用车、江苏沃得集团等企业锻炼,迅速成长为一名机械行业的工程师。2008 年开始,

1. 图 6-3-9
   杨诗斌近照
2. 图 6-3-10
   孙会桃近照

他在扬州金威环保科技有限公司从事垃圾转运站相关设备产品开发、设计工作，目前任技术一部部长、总工。

他主导开发的产品体系均为自主开发，目前公司转运站设备已获几十项发明、实用新型和外观专利，成为全国第一家最全设备生产企业；公司也从最初的转运站设备零起步，到扬州市科技进步奖二等奖、江苏省机械工业科技进步奖一等奖，目前年销售额达 5 亿多元，在全国转运站设备产品中销量第一。2018 年金威环保在北京市朝阳区一个项目有近 1 亿的销售额，他作为项目负责人，从土建设计院的对接、设备产品的开发、现场土建跟踪协调、设备的安装、验收资料的对接等，均起着主导作用。

王春华：
精耕细作终有收获

王春华（图 6-3-11）是中共党员，高级经济师。作为常熟开关制造有限公司党委书记、董事长、总经理，他多年来一直跟母校保持紧密校企合作，并为母校作出了很多贡献。1980 年至 1982 年就读于热处理 801 班。毕业后被分配到常熟市通用电器厂工作，从技术员，一路做到分厂厂长、公司副总经理、总经理、董事长。常熟开关在他带领下成为全国低压电器行业的领军企业。先后荣获国家高新技术企业、国家创新型试点企业、全国守合同重信用企业、国家品牌培育示范企业、江苏省优秀民营企业、中国电器工业创新力 10 强、江苏省自主工业品牌五十强企业等荣誉。他本人也获得全国机械工业劳动模范、江苏省优秀企业家、苏州市劳动模范、第四届江苏省"十大诚信标兵"，全国机械工业质量管理突出贡献奖等荣誉，并当选江苏省第十二次党代会代表。

限于篇幅，我们没法将所有校友都罗列在这里，但我相信，当你走上工作岗位的时候，你会常常遇见我们的校友。愿在多年以后，你回母校告诉我：这是一场美丽的遇见，杰出校友激发了你向上的勇气和斗志，结出了更多的硕果……

1. 图 6-3-11
   王春华近照

7

文化符号

大学文化无处不在，无时不在，它不仅凝练在学校的办学理念、办学策略里，它还体现在校歌、校名、校标、校色、校徽、校旗等文化符号中，固化在校园的一草一木、一砖一瓦上。

7.1
校歌

校歌之于学校犹如国歌之于国家。在一定意义上，它是学校的精神宣言，也是大学精神的集中体现。2008 年，学校以筹备 50 周年校庆为契机，在已经完成了校训、校标之后，进一步创作校歌。学校请老校长谈兴华创作了初稿，韩亚平校长、傅筹书记进一步修改，又组织学校部分教师讨论完善。定稿后，请南京艺术学院教师陈治谱了曲。校歌歌名为《共创辉煌》（图 7-1-1），作为校园文化建设的重要内容，这首歌通过主题鲜明的歌词和明快优美的旋律表达了师生健康向上的精神风貌和价值追求。

校歌的歌词如下：

太湖茫茫，惠山苍苍。沐浴吴文化风韵，我们走进知识的课堂。严谨简朴求实创新，薪火相传。啊！严谨简朴求实创新，薪火相传。啊，啊！无锡职院，啊，啊！无锡职院，你领育我们知耻明荣礼让和谐至善至诚。啊，啊！无锡职院啊，啊！无锡职院，我们为你自豪为你歌唱，我们与你共创辉煌，创辉煌！

太湖茫茫，惠山苍苍。传承产学研特色，我们畅游实践的海洋。严谨治学崇尚实践，精神永扬。啊！严谨治学崇尚实践，精神永扬。啊，啊！无锡职院啊，啊！无锡职院，你激励我们志存高远行健自强创新创业。啊，啊！无锡职院啊，啊！无锡职院，我们为你自豪为你歌唱，我们与你共创辉煌，创辉煌！

校歌总共有两段 200 多个字，字虽不多但内涵丰富，它将无锡职院半个多世纪以来的办学精神、文化积淀、价值追求、职教特色都巧妙地融入歌词，体现了学校的校训、校风、教风、学风等丰富内容，表达了全校师生员工的共同理想与情感，言简意丰，寓意深远，令人鼓舞，催人奋进！

第一段开篇"太湖茫茫，惠山苍苍"以太湖和惠山点出学校所处的地理位置和风光特点——坐落太湖之滨、山水名城，风景优美，人文荟萃。"沐浴吴文化风韵，我们走进知识的课堂"表达了在无锡这个有着深厚文化底蕴的吴文化发祥地读书学习的幸福自豪感。"严谨简朴，求实创新"既是对无锡职院精

共创辉煌

无锡职业技术学院之歌

作曲：陈 冶
作词：集 体

1 = D 4/4

（曲谱）

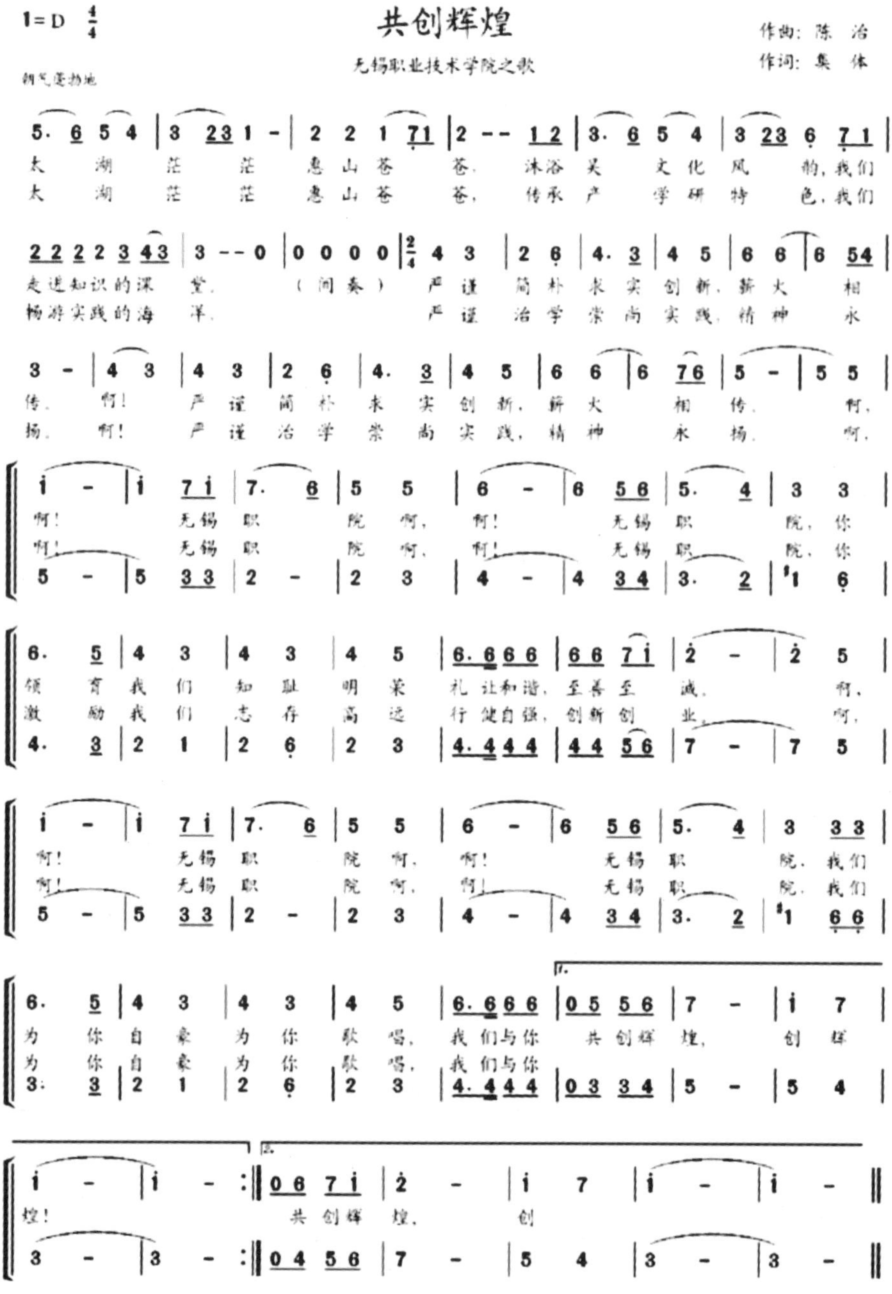

神和校风校貌的高度概括，也是一届届学生的行为准则和行动指南。高潮部分"无锡职院，你领育我们知耻明荣、礼让和谐、至善至诚"，以第二人称抒情的口吻表达学子们不仅要学知识、长技能，还要知荣辱、明事理、懂礼让，还要做个善良真诚的人。最后一句"啊，啊！无锡职院啊，我们为你自豪为你歌唱，我们与你共创辉煌，创辉煌！"用呼唤式表达学子们为母校团结奋进、共创辉煌的美好愿望和信念，一唱三叹，豪情满怀。

　　歌词第二段与第一段通篇对仗，内容上也相互呼应。首句同样是以"太湖

1. 图7-1-1
　无锡职业技
　术学院校歌

茫茫惠山苍苍"起兴。接着，"传承产学研特色，我们畅游实践的海洋"与第一段的"沐浴吴文化风韵，我们走进知识的课堂"相对应，"吴文化风韵"突出了学校对区域文化的传承，"产学研特色"突出了职业教育校企合作产学研结合的时代特色，"实践"与"知识"对举，既表达了学生的两大任务：学知识、强技能，也彰显了工科学校注重实践动手能力培养的优良传统，与校训精神相呼应。"严谨治学，崇尚实践"则是直接将校训融入其中，让每一个学子在吟唱校训中加深领悟。高潮部分"无锡职院，你激励我们志存高远、行健自强、创新创业"寄语莘莘学子要树立远大理想，在学习和工作中不畏困难、自立自强，"天行健，君子以自强不息"，树立创新创业意识为民族振兴国家富强而不懈努力。最后结尾与第一段重复，容易记忆，并再一次点题收篇。

7.2 校名

学校大门口浑厚遒劲的八个大字——"无锡职院技术学院"，是著名书法家武中奇先生年近百岁时亲笔题写。以碑融草，独树一帜的"武体"校名（图7-2-1），与东西跨度将近 90 米的新校区大门相得益彰。如今，这熔铸了艺术魅力与校园气质的校门，成为许多学生和来访者拍照留念的第一选择。说起校名题字，也有一段佳话在校园流传：新校区的大门非常开阔，用什么样的形式和字体书写校名最能与校门匹配，且彰显学校严谨求实的气质内涵？当时的校领导们边建设新校区，边开始琢磨。最终时任校党委书记傅筠决定请武中奇老先生题写校名。一是考虑到武老是德高望重的革命老前辈，性格刚毅耿直，胸怀坦荡，抗美援朝时被人构陷，锒铛入狱，几有杀头之祸。后因陈毅拍案而起，亲自担保方获

1. 图7-2-1 书法家武中奇题写的学校校名

无罪。二是武老的功力深厚，且擅写大字，刚劲有力、厚重大气。更重要的一点是，傅筠书记深知武老极重情义，面对诚恳请求，老人家断难拒绝。于是，经多次登门，这幅苍劲有力的书法作品成为大门口的校牌。这幅墨宝也被学校档案室永久收藏。如今，当你在校门口仔细端详校名的时候，既能看到武老书法一贯的雄浑大气，也能感受到百岁老人的温情和绵柔。如今在学校的建筑物、校徽、便笺纸、文件袋……这个手写校名字体无处不在，成为学校独具文化内涵的符号。

7.3 校标校徽

学校的校标由核心图案、建校时间与英文校名组合而成（图 7-3-1），根据傅筠书记思路设计。核心图案为帆船象征，既表示无锡职院地处太湖之畔，又寓意学校团结拼搏、同舟共济、不断开拓、勇往直前的精神，反映了职院人对勇立潮头、奋勇开拓的优良传统和对"严谨治学，崇尚实践"校训的实践追求。主图案下部为学校的中文名称，上部为学校英文全称。

校标整体图案采用国际通行的圆形构图，同时也是齿轮的经典造型，代表着学校的机械本色，它与"太湖之帆"图案互为表里，相得益彰。色彩则是在白底上配上无锡职院的蓝深色，清新而又洁净。整体图形犹如一枚动态的印章，象征着无锡职业技术学院对时代和社会的精进承诺。

学校校徽为教职员工和学生佩戴的题有校名的长方形证章，教师是红底白字，学生为白底红字。校徽是学校形象的重要标志之一，具有特殊的教育功能，佩戴校徽是培养师生身份认同和归属感的重要途径（图 7-3-2）。

1. 图 7-3-1
   无锡职业技术
   学院的校标
2. 图 7-3-2
   校徽组合

7.4 校色校旗

学校校色是深蓝色，大家昵称它"锡职蓝"。选择蓝色作为校色，是因为蓝色代表沉静、安宁、纯净，具有理智沉着专一的特性，通常让人联想到海洋、天空和宇宙，意境开阔、悠远。纯净的蓝色表现出一种冷静、理智、安详、执着，又不失纯净与美丽，跟无锡职院工科院校的气质与沉静执着的品格非常吻合。

无锡职院的校旗分为蓝色底和白色底两种，分别适用于不同的场合或同时使用。其中，蓝旗为主旗，白旗为副旗。主副旗同时使用时，主旗在左，副旗在右。旗帜长宽比例为 3∶2（图 7-4-1）。

1

7.5 校园景观

校园是师生心灵栖息地，良好的校园环境，是陶冶师生情操，促进学生德、智、体、美全面发展的重要载体。著名教育家苏霍姆林斯基说"我们的教育应当让每一堵墙都会说话"。为了创造良好的学校文化氛围，学校从优化、绿化、美化、亮化等方面精心设计了校园环境，从教学大楼、校园道桥、亭台楼阁、宿舍楼的命名，到文化广场的建设，从教室到走廊到实验室，让校园处处散发人文气息，一块块校园文化石、"鼎盛千秋"四足方鼎、"扬帆起航"大型雕塑

1. 图 7-4-1
无锡职业技术学院的校旗

等众多人文景观，与校园的自然山水交相辉映，形成生动的校园文化生态，成为师生心灵的栖息地。而那些以知名企业命名的实验室、校园道路、文化广场，正是未来"大国工匠"成长的土壤，默默地激励青年学生刻苦学习，立志将来有一天也能像这些企业家那样以实力感恩社会、建设国家。

7.5.1 江南园林式的自然环境

无锡职院分设两个校区，根据两个校区的不同特点进行校园环境建设。在中桥校区，建设于 20 世纪 60 年代初的五层教学楼、周围的建筑和参天的古树诉说着学院悠久的办学历史和创业足迹；太湖新校区坐落在无锡大学城，依偎在美丽的五里湖畔，开阔的校区、现代建筑和江南园林式长廊、亭台、水榭，向人们展示着学校今日的风采。俯瞰太湖校区的 800 亩校园，像一座设计精巧、风格独特的艺术园林。大门中轴线上是中央大道"行知路"及音乐喷泉（图7-5-1），路的尽头是位于校园中心的品字形图文信息中心 A、B、C 主体建筑群（图 7-5-2），后面是学生宿舍生活区和食堂（图 7-5-3）；中央大道东区分别是智能制造工程中心（图 7-5-4）、工业中心实训大楼（图 7-5-5）、产学中心、体育馆和操场（图 7-5-6、图 7-5-7）等主要建筑，西区是排列整齐、相互连接、错落有致的 9 幢教学楼（图 7-5-8）。纵横交错的绿化带将校园划分为教学区、生活区、实训实践三大区域，构成了风格独特的校园建筑艺术文化。

学校按照江南园林意境来规划校园布局，设计文化主题公园、自然生态公园。一条小河横贯东西，将校园分成了南北两区，一西一东两座石桥——康桥和庄桥又将南北两区连成一片，构成一个有机整体：小山丘上的空中亭阁，蜿蜒曲折的小河，怡目清心的立德亭，绿树掩映的半月轩，鸟语花香的水仙阁，动感开阔的万迪广场，充满人文气息的无锡名人苑，曲径通幽的林荫道，层峦叠翠的假山、太湖石，各式各样的银杏树、桃树、柳树、竹林和杨梅树、李子树、花圃、苗圃，让校园桃红柳绿、四季芬芳。春赏梅花，夏观睡莲，秋看菊红叶，冬品腊梅香，不仅成为职院师生工作学习之余的赏心乐事，也令来学校参观的各界人士交口称赞。

1. 图 7-5-1 大门中轴线上的中央大道"行知路"及音乐喷泉
2. 图 7-5-2 品字形图文信息中心 A、B、C 主体建筑群全景

1. 图7-5-3
晚霞辉映的
学生宿舍生
活区和食堂
全景
2. 图7-5-4
智能制造工
程中心
3. 图7-5-5
樱花相伴的
工业中心
4. 图7-5-6
图书馆与工
业中心交相
辉映
5. 图7-5-7
与五里湖相通
的校园水系

7.5.2 寓意丰富的人文景观

人文景观系列是校园物质文化一道亮丽的风景，凸现出校园物质文化的灵性。图书馆大楼前的喷泉广场，每当节假日庆典或有来宾参观，喷泉都会开放，冲天的水柱伴随着优美的音乐旋律，在五彩灯光的照射下，扮靓了校园；"扬帆起航"大型雕塑群坐落在教学大楼东侧的万迪广场，象征学校师生奋发向上、不断远航的精神；教室、食堂、走廊等建筑文化墙、宣传廊随处可见的"严谨治学，崇尚实践"校训，被制作成精美的匾额、牌示、标语，装点在校园，成为学校师生学习工作的警策。

1. 神圣厚重的"鼎盛千秋"

走进无锡职院的大门，首先映入眼帘的便是中央广场的一座青铜大方鼎，名为"鼎盛千秋"（图7-5-9），建于 2009 年 50 年校庆前夕，是校企合作单位无锡威克集团有限公司出资捐赠的。鼎，是中华民族传统文化的瑰宝，是诚信的标志，"君子一言九鼎"。鼎作为

一种重要礼器，象征着统一和权威，是代表和平、发展、昌盛的吉祥物。学校这一宝鼎传承古代传统四足方鼎式样设计，鼎宽 1 188 mm，长 1 959 mm，寓意学校 1959 年正式建校；命名为"鼎盛千秋"，寄托了学校事业基业稳固、长盛不衰的美好祝愿。鼎的正面镌刻着"严谨治学 崇尚实践"的校训，背面是"格

1. 图7-5-8
相互连接、错落有致的9幢教学楼
2. 图7-5-9
2009 年校庆50周年由无锡威克集团捐资浇铸的"鼎盛千秋"

物明理桃李满天下，薪火相传风华驻千秋"简短铭文。整个宝鼎庄重凝练，气宇轩昂，给人以历史的厚重感和神圣感。

2．"扬帆起航"大型雕塑

坐落于万迪文化广场的"扬帆起航"大型雕塑（图7-5-10）主体是由江苏天吴投资集团有限公司、江苏新桥建工有限公司的两位我校机械联大校友共同捐资建造。万迪广场由无锡万迪集团捐资援建，整座雕塑以帆船为主体形象，由船身、船底、风帆三大部分组成。船身由学院英文名称"WU XI INSTITUTE OF TECHNOLOGY"字体变形组合而来，暗含学校面向世界、面向未来的办学愿景；船底呈波浪形的"1959"字样，表达了学校悠久的办学历史和乘风破浪之意；风帆由充满张力的金属线条构成，随着光线的变化产生丰富的视觉效果，让人对学校的未来产生无尽的期待与遐想。整个雕塑既表明学校位于太湖之滨的优越地理位置，又象征无锡职院像一艘满帆之船，承载着莘莘学子扬帆起航，乘风破浪，驰骋在知识的海洋，驶向理想的彼岸。散落在草地上的几组浪花，由数字79、99、09和符号"∞"组成，象征着学校发展的几个重要阶段，"∞"象征着学校发展的美好前景。

3．道路命名尽显职教文化特色

职院校园里的很多条校园小径是以合作企业的名字命名的，他们是学校职教特色文化的一道亮丽风景线，如威孚路是以无锡威孚高科技集团股份有限公司命名的，该公司是国内汽车零部件的著名生产厂商。还有艺工路、肯纳金属路、双良路、百盛路、凯恩帝路等（图7-5-11），这些知名企业以捐赠教学仪器设备和设立企业奖学金的捐资助学方式获得了学校道路的冠名权，既让学生感知他们企业的品牌和文化，更为了吸引优秀毕业生，培养潜在的客户。学校因此获得了先进的教学设备、奖学金。这是"双赢"理念下校企合作的产物，它们激励着学子以这些知名企业家为榜样，学习他们的实业强国精神和责任担当，学会感恩回报社会。

4．以石刻训示治学理念

校园的东西校区有两块巨石遥相呼应，巨石上分别刻有"经世致用"和"格物致知"八个大字（图7-5-12）。

1．图7-5-10
坐落于万迪文化广场的"扬帆起航"大型雕塑

1. 图7-5-11
一条条以合
作企业命名
的校园小路,
表达着校企合
作协同育人的
职业教育使命
与担当
2. 图7-5-12
经 世 致 用、
格 物 致 知 两
块石刻

"经世致用"是吴文化务实精神的重要标志，也是无锡优秀教育传统的重要体现。学校传承区域文化"经世致用"的务实精神，教育学生要学以致用，敢于担当。"格物致知"是中国儒家思想的重要理论，最早见于《礼记·大学》："致知在格物，物格而后知至。"原来是指伦理道德的修养和践行。清代颜元把"致知格物"解释为"手格其物，而后知至"，即人们只有通过接触事物才能求得真知，懂得道理，这既体现了中国传统文化的精义，又指出了求知的方法，正好契合了高职院校以能力为本位，重视实践教学的人才培养特点。学校提倡"格物致知"精神，就是培养学生的实验精神，靠实践来发现事物的真相，在实践中培养动手能力和实践能力。

　　近年来，学校加强校园文化建设，不仅建成了无锡名人苑、无锡院士馆、机械工业文化园等新的文化育人景点和主题场馆，还统一了学校的形象识别系统，对学校所有路、桥、建筑物进行命名，并在醒目位置设立体现学校特色的校风、校训、办学思想和办学目标等的固定标语，在教学区走廊、教室、图书馆、食堂、学生公寓橱窗、展板等每一个角落，营造浓郁的文化氛围，优化美化校园环境，潜移默化地滋养学生文化品格。学校先后获评江苏省高等学校和谐校园、全国机械行业文明单位、江苏省文明校园。

8

筑梦担当

党旗引领

8.1

学生党员是学生成长成才的榜样，也是学校学生文化营造过程中最先进的一批骨干力量。据央视报道：近年来，我国高校大学生中学生党员达到 340 万人，比例已经超过 14%，是新中国成立以来最高的时期。加入中国共产党，已经成为越来越多当代大学生的崇高追求。大学生党员成为我们党新鲜血液的重要来源。从很多杰出校友的故事里我们也不难发现他们中很多都是中共党员，有的是在大学里就入了党，有的是在工作以后成为一名优秀党员。而在我们的身边，也有许多大学生从进入大学的那刻起，就把加入中国共产党当作自己大学阶段的奋斗目标。

雨果说过：只有信仰才让思想发出火花，只有希望才让未来发出光芒。为了帮助大学生树立人生信仰，学校高度重视学生党建工作，积极引导先进上进的学生向党组织靠拢，加强对入党积极分子的培养，引导学生党员学好专业知识，提高综合素质，激发学生党员领导带头的热情。对入党申请人实施"三级培养"动态管理，不断提高标准，明确努力方向，成熟一个发展一个。

8.1.1 "双学"小组：入党积极分子的精神家园

各班级以团支部为抓手，以班级已递交入党申请书的同学为主体，组建班级"双学小组"。已经递交了入党申请书的同学，就可以加入班级"双学"小组。学习小组在学校党组织的指导下，结合班级团支部建设，通过组织集中学习和个人自学相结合的方式，开展党章和党的基本理论知识的学习培训，为下一阶段能够成为重点入党积极分子奠定基础。从同学们的反映来看，"双学"小组活动深受先进青年学生欢迎，小组成员在学习中不断进步，久而久之"双学"小组已成为众多入党积极分子的精神家园（图 8-1-1）。

8.1.2 分党校培养：面向重点入党积极分子的系统培训

在参加班级"双学"小组活动中，小组成员可以用书面形式撰写思想汇报，向党组织汇报近期的学习心得或成长体会。在班级"双学"小组的基础上，党

1. 图 8-1-1
外旅学院"双学"小组参观无锡第一支部

组织对于态度积极、表现突出的入党申请人，通过共青团组织推优、党员和群众推荐等方式，选择优秀学员，确定为重点入党积极分子并推荐进入二级学院分党校的学习。在入党积极分子中确定重点入党积极分子一般采取投票、公示等方式产生。被确定为重点积极分子后，也就意味着将在所在学院组织的分党校培训中进一步端正入党动机，进一步提升自己的思想觉悟，此时个人入党档案也将日益丰满，个人自传和思想汇报、培养考察纪实、团组织推荐材料、分党校结业证等材料都将存档（图 8–1–2）。

在分党校学习期间，能够较为系统地学习党的理论知识，以及入党的动机、程序、条件和党员的权利与义务等内容。分党校毕业后，就有可能被推荐到学校党校继续学习，成为党员发展对象。

8.1.3 党校培养：促使发展对象走向成熟

党校学习以集中性的深化教育和专题培训为主，以坚定理想信念为核心，使发展对象牢固树立共产主义远大理想，增强党性修养。党校培训内容主要有集中党课培训、有针对性地组织学员参加部分党内活动，组织参加一定的社会工作等。在该阶段的培养中，作为发展对象，学员的入党档案中将增加《发展对象考察表》、政审材料、群众座谈会材料、学习成绩单、学校党校结业证、公示等发展前必备的材料。从形式上看，党校培训是在校学生加入中国共产党的必经阶段，从培育意义上看，党校学习也是促使发展对象世界观、人生观、价值观走向成熟的发展之路。（图 8–1–3、图 8–1–4）

1. 图8–1–2
   分党校学员
   走近市民推
   广阅读活动

党员培养、发展与教育是一项系统性工程，学校构建的由班级"双学"小组、二级学院分党校、学校党校构成的"三级培养"工作机制，使一批又一批胸怀理想、信念坚定、文化素养高的青年学生被及时吸收到党组织中，使他们追求进步的政治热情高涨，在学习、工作、生活中充满蓬勃生机。很多学生党员在志愿服务、暑期"三下乡"社会实践、企业顶岗实习、帮困助学活动中起到了先锋带头作用，赢得了同学们的尊敬和赞誉。

假如你通过自己的努力，经过一系列培训学习，成为一名光荣的学生党员，相信你的大学生活一定会变得更有意义，你的成长经历也一定会与众不同。

［故事分享］

党旗伴我成长，青春在奉献中闪光

我是崔文君，2019 年毕业于无锡职业技术学院管理学院工商企业管理专业。2016 年的我和大多数同学一样，怀揣着对大学生活的向往开启了自己的大学生活。大一上学期，我向党组织提交了入党申请书，经过班级"双学"小组、学院分党校、学校党校的学习，经过党组织的层层考察，大三上学期我光荣地成为一名中国共产党员（图 8-1-5）。

大二上学期，我通过竞选成为管理学院学生会副主席和向日葵义工站的站长，主要工作是带领管理学院的同学们参与志愿者活动。在我任职管理学院向日葵义工站站长期间，我带领同学们参加了三十多场志愿者活动，如在无锡举办的世界物联网博览会和第二届志愿服务展示交流会，等等。2018 年的夏天，我策划并参与了"重走革命路，脚绘红色无锡"暑期三下乡活动，走访了 36 个党史基地，历时 22 天，该项活动被认定为无锡市暑期社会实践项目，我个人也获得江苏省 2018 年大中专学生志愿者暑期文化科技卫生三下乡社会实践活动"先进个人"荣誉称号。

2019 年 9 月 25 日，在学院党支部会议上，我郑重地宣读我的《入党志愿书》，经过党支部讨论，我光荣地成为一名共产党员。在入党的那一刻，我忽然觉得自己的成长离不开党旗的引领与相伴，并且下决心，我一定要带着自己的青春与热情为社会贡献力量。

1. 图 8-1-3 学校党校组织开展"渡江战役纪念馆"现场教学
2. 图 8-1-4 学校党校组织学员赴敬老院开展慰问活动
3. 图 8-1-5 崔文君同学工作照片

大三毕业时，我选择参加了"江苏大学生志愿服务苏北计划"，被安排到东台市文明办就职。2019年7月我来到东台，开始了我的志愿服务工作。志愿服务期间，我主要负责编辑新闻、整理资料、管理网站、完善领导们布置的各项任务等，事情琐碎但不复杂。在大学期间的学生干部经历让我做起这些事情时更加得心应手，工作效率高而富有条理。很多人都问过我，为什么选择参加"苏北计划"，其实我想的很简单，就是希望自己能趁着年轻做一些更有意义的事情，做一件让自己终生难忘的事情。既然选择了做一名志愿者，那就无畏困难，无畏艰险，默默无闻地去投入，去奉献。

"我志愿加入中国共产党，坚决拥护党的纲领……"宣读入党誓词的场景仍历历在目，那一句句刻骨铭心的誓词时刻刻提醒着我，无论是在学习中还是生活中，一定要起到模范带头作用，让青春在奉献中闪光。

团建助力 8.2

习近平总书记在纪念五四运动100周年大会上发表重要讲话时强调，共青团是党的助手和后备军，是党的青年工作的重要力量。迎着五四的朝阳，中国共产主义青年团始终不忘"党有号召、团有行动"的光荣使命，为党争取青年人心、汇聚青年力量，在革命、建设、改革各个历史时期作出了积极贡献、发挥了重要作用。

无锡职院共青团组织分学校团委、二级学院分团委和团支部三个级别，如果你是一名光荣的共青团团员，在大学生活期间，你将在各级团组织的引导和组织中找到志同道合的伙伴，找到实现自我的目标，找到展示青春风采的舞台。

8.2.1 信仰公开课：让梦想照进现实

"信仰公开课"计划是学校坚持不懈地以马克思主义中国化的最新成果武装广大青年、加强团员理想信念教育的主题教育活动（图8-2-1），其内容包含新思想公开课、素养公开课、梦想公开课、青马公开课四大方面。

新思想公开课：把学习宣传贯彻习近平新时代中国特色社会主义思想作为重要政治任务，提高青年学生的思想政治素质，坚定理想信念。

素养公开课：帮助青年学生培育和践行社会主义核心价值观，立足中华民族优秀传统文化，促进学生综合素养提升。

梦想公开课：引导青年牢固树立"四个自信"，敢于有梦、勇于追梦、勤于圆梦，为实现中国梦而拼搏奋进。

青马公开课：培养一批政治坚定、作风扎实、德才兼备、全面发展，能起到示范带动作用的骨干和领军人才，充分发挥青马骨干的辐射带动作用，引领更多青年坚定不移听党话、跟党走。

目前，"信仰公开课"的活动范围已扩展到包括班级、社团等各类团支部，活动效应覆盖全体学生，在校园中营造了"人人熟知新思想、人人践行价值观、人人追寻中国梦、人人致力做青马"的良好氛围。

8.2.2 青马工程：引领学生干部成长

青年马克思主义者培养工程，简称"青马工程"，旨在通过教育培训和实践锻炼等行之有效的方式，不断提高大学生骨干、团干部、青年知识分子等青年群体的思想政治素质、政策理论水平、创新能力、实践能力和组织协调能力，使他们进一步坚定跟党走中国特色社会主义道路的信念，成长为中国特色社会主义事业的合格建设者和可靠接班人。学校"青马工程"包括学校、二级分院两级，学员主要为各级学生干部，培训内容包括理论学习、社会实践与调查、志愿服务等。培训重点是引导学员读原著、学原文、悟原理，切实提升实践教育和调查研究质量，促进学员感真情、解真题、出真知。

真正成长为一名坚定的马克思主义者是一个漫长的、不断进步的过程，有可能需要一个人一生的奋斗，但重要的是我们要始终朝着这个方向不断迈进，不断提高自己的思想觉悟，不断坚定自己的理想信念，始终走在全体团员青年的前列。学校通过"青马工程"这种集体学习的方式，给各级各类学生干部提供了很好的学习机会，对学生干部的理论水平和思维能力都有很大的促进作用。

1. 图8-2-1
信仰公开课
活动

昔日的团学干部，今日太湖之滨的『蓉花』

我是周蓉，2014年毕业于无锡职业技术学院汽车与交通技术学院，毕业后在中国铁路上海局集团有限公司无锡站工作，我的职务是无锡站太湖明珠雷锋服务站客运员。工作后，经我服务的重点旅客数量达一万两千多人次，获得旅客表扬、锦旗表扬、媒体表扬50余次。其中一段"背着旅客赶火车"的故事还被无锡多家主流媒体宣传报道，媒体亲切地称我为太湖之滨的"蓉花"，同时我还先后多次获得无锡站"服务之星"荣誉称号、中国铁路上海局集团有限公司"暑运青年立功竞赛先进个人"、中国铁路上海局集团有限公司"七十佳"等荣誉称号（图8-2-2）。

现在的我能够取得那么多荣誉，不仅有我自己的努力，还有单位同事和领导的帮助，同时也得益于我在学校学习的时光。担任学校团学干部期间，我更加了解自己，我在哪些方面欠缺，在哪些方面我优于别人。做得对也好，犯了错也罢，我都能有足够的机会去骄傲、去反思、去弥补、去学会承担责任。这些除了在职场上，其实对于现在已经组建家庭的我来说都是很受益的。说实话，大学期间我曾经有段时间特别迷茫，总觉得自己付出了很多，但还是达不到自己想要的结果。那时我找到学院分团委赵老师，他问我："你的理想是什么？"我说："我的理想是担任某某职务，能做什么样的事情。"当时赵老师直接否认了我，他说："这不是理想，只是你目前想要实现的一个目标，目标能否实现的不确定性让你有迷茫感或挫败感。而理想应该是不会因为自己的利益得失而变化，不管你处于何职何位，都是为了实现这个理想，进可以实现，退也可以实现。"赵老师的一番话让我豁然开朗，对于理想的理解也一直影响着我，一直到现在。进入单位以后，从刚开始的充满斗志，到后来频频受挫，我又出现了同样的状况，我就想到我大学的时候，想到了老师跟我说的那些话。于是我开始改变思维，开始确立自己的理想，那就是：让所有来无锡站坐车的旅客都能因为我的服务喜欢上无锡站。后来不管我是在基层也好，还是后面有幸能到机关从事自己喜欢的宣传工作，我都能做得很好。事实证明，只要努力，我可以做得很好。

回顾大学三年，很庆幸我的大学有这么一段在团学宝贵的经历，让我知道：我想成为什么样的人？我想过什么样的生活？什么是底线？什么是理想？这些都是我在迷途的时候，给我引路的"明灯"。

1. 图8-2-2
2014届毕业生周蓉

社团缤纷

8.3

从早期自发的"兴趣小组"，到后来的各种学生组织，学生社团已经成为大学生丰富课余生活、自我培育成才的重要园地。今天，学校里活跃着冰雨艺社、大学生艺术团、志愿者协会、读者协会、科技协会、轮滑协会、六弦吉他协会、蠡溪书画协会、模特礼仪协会以及各种俱乐部等近百个学生社团，涉及思政、文化体育、学术科技、志愿公益等领域，会员达数千人，逐步形成了以校学生会、校学生社团为主体，以各二级学院团学组织为依托的校园文化社团组织架构，其中冰雨艺社、大学生舞蹈团被评为无锡市高校十佳艺术社团。

多姿多彩的社团活动丰富着大学的生活，启迪着青年的心智，陶冶着大学生的情操，补充了学校课堂教学的不足，成为校园文化建设的重要力量和基础，也成为素质教育的重要阵地。一个个社团把同学们与社会联系在了一起，起到了团结并带领同学主动贴近社会、融入社会的积极作用。同时也培养了学生的实干精神、团结精神以及开拓创新精神，增长了学生的才干，一批批学生社团骨干毕业后快速成长为用人单位的培养对象和中坚力量。

8.3.1 青年志愿者协会：让青春诠释公益之美

无锡职业技术学院校青年志愿者协会成立于2009年，在它发展的这十年时光中，志愿者们积极参与学校乃至社会各项服务工作，设立了"蒲公英""爱飞翔""向日葵"等专项服务队，以及"青春耀晚霞"文化艺术进社区志愿服务项目、"关爱马路天使"志愿公益项目等。

"蒲公英"支教团致力于贫困地区的教育扶贫，2014年成立至今，"蒲公英"们的足迹覆盖了湖南湘西、河北张家口、徐州丰县、连云港赣榆、安徽巢湖、扬州仪征、江苏泰兴等地，为留守儿童和老人的生活带来了乐趣和温暖，用知识守护初心，用陪伴共话成长（图8-3-1）。"蒲公英"小队多次获评大学生"三下乡"暑期社会实践优秀团队，先后被中国青年网、中国新闻网、新华网、光明网等多家媒体报道。

"关爱马路天使"创立于2013年，由"爱飞翔"小队负责。该项目弘扬"奉献、友爱、互助、进步"的志愿服务精神，旨在关注和服务环卫工人，指导他们掌握基本应急救护技能，让环卫工人群体得到关爱和关注（图8-3-2、图8-3-3）。五年来，历经三位指导老师和百余名同学的传承与改进，受益环

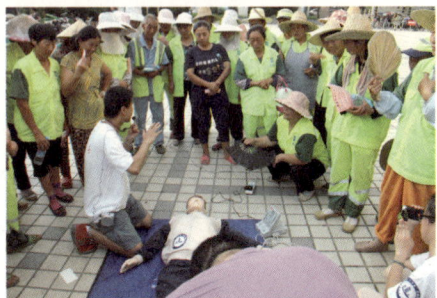

卫工人逾千人。项目曾获评"江苏省红十字会优秀志愿服务项目""市优秀青年志愿服务项目"、无锡市志愿服务"四个100"先进典型。

2016年12月26日，管理学院"向日葵"义工站的"葵花籽"志愿者们来到黄巷街道江淮民工子弟学校开展志愿服务，以"小小演说家"活动鼓励孩子们积极表达、提升自信心（图8-3-4）。

"青春耀晚霞"志愿服务项目连续多年在多个社区和街道开展艺术表演，参与南桥社区重阳节敬老文化节汇报演出，联合无锡军分区干休所共同举办了"庆祝建军九十周年军民联欢会"，协调学校大学生艺术团进入无锡地铁一号线南延线工地，为建筑工人开展纳凉文艺晚会，受到工人群众、当地街道的高度赞扬。2017年9月，学校"中国正青春——文化艺术服务进社区"项目入围省直机关优秀项目，参展江苏省第二届志愿服务展示交流会（图8-3-5）。

同时，各大赛事论坛志愿服务工作也有青年志愿者们的身影。如世界佛教论坛、世界跆拳道锦标赛、世界物联网博览会、亚洲乒乓球锦标赛、全国职业院校技能大赛、无锡环太湖国际马拉松赛、无锡环蠡湖国际半程马拉松赛、无锡市青少年（幼儿）机器人大赛等。此外，学校青年志愿者协会还与无锡市小动物保护协会和共青团江苏省委、江苏省水利厅的"河小青"活动长期合作，开展关爱小动物和保护母亲河的志愿服务工作（图8-3-6～图8-3-8）。

1. 图8-3-1
"蒲公英"
支教小分队
在湘西
2. 图8-3-2
"爱飞翔"
小队对"马
路天使"的
关注一直在
延续
3. 图8-3-3
2014年7月
"爱飞翔"
小队志愿者
为市民和环
卫工人宣讲
急救知识

1. 图8-3-4 "向日葵"义工站的志愿者们在民工子弟学校开展志愿服务
2. 图8-3-5 "中国正青春——文化艺术服务进社区"志愿者向参观单位介绍项目情况
3. 图8-3-6 2015年马拉松期间，学校1 700余名师生担任志愿者
4. 图8-3-7 "河小青"志愿者与小学生一起制作生态瓶
5. 图8-3-8 2017年4月，世界地球日来临之前，学生志愿者联合社区家庭开展"绘地球"亲子活动

8.3.2 大学生科技协会：让你感受科技创新的魅力

无锡职业技术学院大学生科技协会成立于1997年，协会拥有一批精于钻研、敢于创新的青年学生。他们因相同的爱好和追求聚集在一起，无数推倒重来的尝试、无数次全力以赴点亮了数千学子的科技梦想。"严谨治学、崇尚实践"的校训在他们日以继夜的努力中体现得淋漓尽致。经过多年积累，科技协会的同学们敢于钻研、不甘平凡，涌现出一个又一个科创达人，每年科技协会

申获专利近百项（图8-3-9）。"江苏省大学生年度人物"提名奖的王康、获得2017年国家奖学金的赵阳等都是在科技协会中成长的典型。

在不断发展中，科技协会不仅是一个大学社团，更是同学们实现科创梦想的科技组织，如果你对科技创新感兴趣，相信你一定能在这里找到志同道合的伙伴。

8.3.3 大学生艺术团：让青春折射艺术的光芒

无锡职业技术学院大学生艺术团成立于2010年，以"精诚团结 厉练精彩"为宗旨，以繁荣校园文化生活为目标，每年承担"迎新生文艺晚会"、纪念"五·四"文艺晚会、"魅力职院"文艺晚会，独立开展"大学生文化艺术进社区"等品牌活动，代表学校参加校内外各类文艺演出及比赛（图8-3-10）。艺术团成立至今，已在江苏省大学生艺术展演中获得一等奖2项、二等奖5项。2017年获得江苏省大学生暑期三下乡社会实践"优秀团队"，团长金亚获全国大学生暑期三下乡社会实践"先进个人"。2019年5月，艺术团入选学校首届"五四青年奖"。

五彩缤纷、百花齐放的校园文化活动提高了高职学生的综合素质，促进了学生的全面发展。据麦可思公司的跟踪调查显示，无锡职院近3年毕业生平均得到3.5份录用通知，高于全国同类示范院校（3.0）。学生"对母校的总体满意度"为92%，比本省高职院校平均满意度高出2个百分点；对"就业现状满意度"达60%以上。90%以上的用人单位认为我校毕业生职业意识强、职业道德好，有一定的创业精神。

爱寝如家

大学宿舍是每个大学生学习、生活的重要场所，是学生共同的"家园"。大学生一天之中有 1/3 甚至更多的时间在宿舍中度过，因此宿舍文化建设、舍友之间的和睦相处，不仅有利于每个人的身心健康，也会促进我们的成长成才。

8.4.1 宿舍文化节：营造良好生活氛围

宿舍文化节活动以文明宿舍评比为主线，根据大学生的特点，开展大学生喜爱的一些活动，如安全、健康知识、环保与节约讲座、冬季送温暖、宿舍风采秀、羽毛球、篮球赛，等等。通过宿舍文化节各项活动，养成良好的文明行为习惯，提升大学生自我教育、自我管理、自我服务能力，让同学们更加热爱宿舍，珍惜舍友之间的友谊，同时营造良好的宿舍氛围。

8.4.2 宿舍团体拓展：让舍友相处更温暖

组织学生以宿舍为单位开展团体拓展活动是学校大学生心理健康教育活动的特色项目之一。活动旨在通过心理拓展游戏平台，让同宿舍的同学通过亲密接触、倾力合作完成一定难度的任务，淡化和缓解平时可能产生的冲突和矛盾，培养家人般的爱心、宽容心，融洽宿舍关系，提高健康幸福生活的能力。每年的宿舍团体拓展活动，让同学们在配合协作、欢畅淋漓的趣味运动中释放压力、感受快乐、重拾初心，在欢声笑语中感受团队之力，锻炼接纳之心，加深同伴之谊，让舍友关系更加深入、更加温暖（图 8-4-1）。

1. 图 8-4-1
宿舍素质拓展活动

大学生活因良好的宿舍人际关系而更美好

众所周知，宿舍生活中人际关系的处理不可避免，常常会出现各种问题，关键点不是问题本身，而是应对问题的态度和能力。宿舍人际关系技巧中最重要的应数沟通技巧，即能用恰当的方式表达出自己的合理需要，将不满和冲突用恰当方式表达，而不是压抑和疏远，也不是积压后的突然爆发。理想状态是通过"沟"而达到"通"；即使"沟"而不"通"，那表达本身已带来情绪的表达和自我或团体利益的适当保护，在此基础上可接纳一些不可改变的无奈和宽容。人际关系是复杂而微妙的，在沟通背后，其实存在着很多敏感和微妙的心理因素，决定着人际的亲疏。这里例举一个现实的宿舍人际矛盾案例，供同学们省鉴。

有这一样一位大学生 W，他善良、朴实、照顾他人，但就是不喜欢那些素质差的、以自我为中心的人。比如晚上 11 点后，有位室友总是开着音响打游戏，别的同学提醒后，那位室友虽然能及时关掉音响戴上耳机，但 W 内心还是生那位同学的气，觉得对方素质差，不主动考虑别人感受，因此慢慢疏远对方。

这位善良且乐于助人的同学 W，最终的人际关系并不会走向他希望的那样融洽、轻松，而是会别扭和压抑。他犯的错误可以被称为"投射"，即内心强迫别人按自己想的那样行事，如果别人没有达到，就不能接纳甚至出现不满和敌视。我们每个人都或多或少、有意识或无意识地用自己的处世原则去套身边的人，或欣赏或排斥；如果我们的原则太过僵化，则我们的人际圈会被限制和窄化，并可能带来人际矛盾和压抑，且人际关系缺乏开放性和活力。如果意识到并改善这一问题，接纳和欣赏与自己不同的人，将会体验到人人平等的轻松自在感和人际关系的融洽愉悦感。

乐学职院

8.5

相对于高中阶段的学习而言，大学生涯不仅是获得知识的过程，更是一个学会自我约束、自我管理、自我服务的过程，是提升自学能力、实际操作能力、社会适应能力、团队协作能力的过程，是痛并快乐的过程。

8.5.1 自学能力：解密未知挑战的钥匙

美国教育家 B.F.Skinner 曾说："如果我们将学过的东西忘得一干二净，最后剩下来的东西就是教育的本质了。"所谓"剩下来的东西"，其实就是自学的能力，也就是举一反三或无师自通的能力。自学能力，是一个人获得成功的最基本的能力。大学的学习任务重，教学速度快，教师的辅导也相对少，因此要求大学生以独立的主体意识，确定学习目标，学会时间管理，发现自己的特长，挖掘自己的潜力，懂得选择性学习。培养自学能力，不仅可以让你轻松地应对大学阶段的学习任务，更重要的是，将来面对未知的挑战时，你就像拥有一把解密钥匙一般，可以应对自如。

8.5.2 实际操作能力：注重锤炼工匠精神

实际操作能力，是将所学的知识和所获的技能在实际工作和生产中具体运用的能力。实际操作和动手能力是高职教育的特色和比较优势，高职大学生要根据专业特点，加强理论知识的学习，强化专业技能训练，培养实用专业操作能力。无锡职院历来高度重视学生专业技能应用训练，各专业都建有完善的实训体系和强大的实训设备，学校还与施耐德电气、海力士等多家世界知名企业合作，为学生打造优质的技术实践平台，让学生在"做中学、学中做"。通过反反复复的训练与磨砺，让学生在提升实际操作能力的同时，更注重锤炼工匠精神。

8.5.3 社会适应能力：经历也是一种财富

社会适应能力是指人为了在社会上更好地生存而主动改变自己的思维模式、价值观念、行为方式、生活习惯及交往范围，最终与社会达到和谐状态的一种执行适应能力。社会适应能力的强弱是一个人综合素质高低的间接表现。社会的变迁不以个人意志为转移，当今时代，没有完全固定的思维模式和行为模式，没有终身职业，所谓的铁饭碗已不存在，这就需要高职大学生有较强的适应能力。经历是一种财富，经历的事情越多，人的适应能力就越强。从象牙塔里走出来的高中毕业生，来到大学学习就意味着必须独立地面对陌生的环境、陌生的人群、陌生的生活方式，这便是适应社会的开始。在大学阶段，学习生活不仅局限于课堂内，在"第二课堂"里，每个人将有许多参与社会实践的机会，从暑期社会实践到日常的公益志愿服务，从学生干部参与学生管理到社团文化巡礼，你可以在形式多样的学生活动中不断提升适应社会的能力。

8.5.4 团队协作能力：解密"1+1＞2"

团队强调的是协同工作，所以团队的工作气氛很重要，它直接影响团队的合作能力。没有完美的个人，只有无敌的团队，团队中的个人能力取长补短，相互协作，就能造就出一个好的团队，所以才有"三个臭皮匠，赛过诸葛亮"之说。在一个团队中，每个成员都有自己的优缺点。作为团队的一员，如果主动寻找团队成员的优点和积极品质，团队的协作就会变得很顺畅，工作效率就会提高。团队精神的最高境界是"不抛弃，不放弃"。在大学学习阶段，诸多的课外活动需要团队协作。同学们通过团队协作的方式完成各种项目，一方面能体验丰富多彩的课外生活，另一方面也能真正体会到"1+1＞2"的效果。

职院榜单

大学就是一个特殊的舞台，在大学期间会有许多展现自我的机会。有的同学勤奋学习，品学兼优，成绩优异，获得学校奖学金、企业奖学金；有的同学动手能力强，创新思维活跃，专业技术实践能力突出，代表学校登上全国、省级技能大赛的领奖台；有的同学乐于助人、热心公益，获得学校优秀团干部、励志之星等各项荣誉。这一个个荣誉榜单，说明只要确定目标，不断努力，都有机会"榜上有名"。

8.6.1 团学评优：优秀青年学生的"集结号"

为激励同学们"攀高比强，创先争优"，学校每年组织评选"五四"青年奖、优秀共青团员、优秀共青团干部、励志之星等多项荣誉。其中"五四"青年奖获得者既可以是学生团队又可以是学生个人。通过评选，许多模范践行社会主义核心价值观、带头传播正能量的德智体美劳全面发展的学生获得各种荣誉。

8.6.2 技术技能大赛：专业技能提升的支点

全国职业院校技能大赛是教育部对于加强高素质技术技能人才培养的导航器，技能大赛将行业发展前沿技术、国家最新的职业技能要求和行业对技能型人才的需求引入竞赛内容。为了选拔参赛学生，学校会组织理论考核、技能考核等校际选拔活动，营造良好的技能技术培育氛围。

近几年，无锡职院学生参加的技能大赛有全国职业院校技能大赛、全国大学生工程训练综合能力竞赛、全国大学生电子设计竞赛等多项大型赛事，并取得优异成绩。仅 2018—2019 学年，学校各级各类技能大赛获奖就达 300 余项（图 8-6-1）。从学生发展角度看，学生通过参加选拔或比赛，技能应用能力、职业素养、敬业精神都能得到不同程度的提升，历年来通过参加全国性技能大赛并取得成绩的学生毕业以后都有不错的发展前景，他们有的成了"抢手货"，直接被企业当场邀约，有的升入本科院校继续深造，有的走上技术骨干岗位。对他们而言，赛场就是高职大学生展示能力和才华的舞台。

8.6.3 创新创业大赛：开启未来无限可能的钥匙

为落实党中央、国务院提出的大众创业、万众创新的重大部署，深入实施创新驱动发展战略，我国每年举办"互联网＋""挑战杯""发明杯"等各类创新创业类竞赛。

创新创业类大赛区别于技术技能类大赛的主要特征为学科交叉、开放性、专业性、创造性等，参赛作品凝聚了选手们丰富的创意与智慧。如中国"互联网＋"大学生创新创业大赛自 2015 年起举办以来，已经成为面向全体高校学生、

1. 图8-6-1
   获 2019 年
   全国职业院
   校技能大赛
   "移动互联网
   应用软件开
   发"一等奖
2. 图8-6-2
   获 江 苏 省
   "挑 战 杯"
   特等奖

影响最大的创新创业类赛事活动之一。参赛组别分为高教主赛道、青年红色筑梦之旅赛道、职教赛道、国际赛道四大类别；参赛类别分为"互联网＋"现代农业、"互联网＋"制造业、"互联网＋"信息技术服务、"互联网＋"文化创意服务、"互联网＋"社会服务五大类。从历年赛事情况看，无论是参赛选手数量，还是参赛作品质量，都呈现明显的上升趋势。无锡职院积极参加各项国家级、省级创新创业类赛事，并取得诸多荣誉（图 8-6-2）。

［故事分享］

丁强：全国优秀共青团员

丁强同学 2016 年 9 月考入无锡职业技术学院物联网学院应用电子专业，在校期间加入了大学生科技协会、太极拳协会以及乒乓球协会，并在科技协会担任副会长一职。创新源于生活。因为自己爱打乒乓球，脚易出汗，鞋子经常晒不干，于是他开始了"一种带有烘干器的向阳追光太阳能烘干架"和"一种玻璃幕墙清洗装置"的发明制作，这也开启了他精彩的大学人生……

2017 年 11 月，丁强前往苏州科技大学参加江苏省高校第十四届大学生物理及实验科技作品竞赛。当时是在原有基础上改进了一下作品，但因不符合竞赛的题意所以最终没有获奖。但是丁强同学经过这一段时间的磨练收获了不少，也明白了科研需要一丝不苟的严谨和永不止步的坚持。回到学校后，他结合自己几个月来的研究，提交了"一种带有烘干器的向阳追光太阳能烘干架"发明专利、"一种残疾人专用鼠标"实用新型专利、"一种骑行帽"实用新型专利、"骑行导航语音报警帽"实用新型专利和"多方式立体智能家居控制器"实用新型专利。这样的尝试一开始便一发不可收拾。2018 年 10 月，他的作品"基于 ROS 的定位测绘运动平台""一种铅酸电池保护装置"等斩获全国高职院校"发明杯"大学生创新创业一等奖 2 项，二等奖 1 项，三等奖 2 项。

2018 年 4 月，丁强"临时受命"，参加 2018 年的"挑战杯—彩虹人生"全国职业学校创新创效创业大赛。此时省级大创要准备结题，同时新一轮的省级大创项目的申报也已开始，还要复习备考，让他倍感压力。但困难面前勇者胜。也是在这种情况下，他想到了嵌入式箱式结构以及多终端通讯、多屏显示的作品整体构架。经过一个月左右的调试与制作，作品获得了省一等奖并冲进了国赛。8 月底，"挑战杯—彩虹人生"的国赛在南京体育馆拉开帷幕，经过激烈的评比，他参赛的作品脱颖而出斩获了特等奖。

2018 年 12 月，丁强和他的两位同学共同创建了无锡云创星空科技有限公司。漫漫创业路，赤诚学子心。从创业想法萌生的那一刻起，他们就立志让自己的科研成果惠及更多人。

2019 年 5 月，共青团中央发布《共青团中央关于表彰 2018 年度"全国优秀共青团员""全国优秀共青团干部""全国五四红旗团委（团支部）"的决定》（中青发〔2019〕6 号），丁强同学荣获"全国优秀共青团员"荣誉称号（图 8-6-3）。

1. 图 8-6-3
"全国优秀
共青团员"
丁强（左）

后记

　　子曰："君子不器。"(《论语·为政》) 器是什么？ "器者，一用之物也"。用今天的话说，器就是器物、工具。孔子说"君子不器"的意思是，作为君子，不能囿于一技之长，不能只求学到一两门或多门手艺，就像某个器物只能用于某一方面。著名教育家蔡元培先生也说"教育是健全人格的事业，教育的目的是育人而非制器"，他强调教育是培养人的，不是把人加工成工具和产品的。那么教育用什么来育人呢？ 用文化！ 要"以文化人，以美育人"。一所大学能培养出什么样的人，从根本上说，是由这所大学的文化决定的。无锡职业技术学院办学60多年来，有了自己的文化积淀。在这样的大学里学习，既要努力学习中国的优秀文化，吸收外国的优秀文化，还要努力传承自己学校的优秀文化，并在传承中创新，把无锡职院建设成更有文化品位的"双高"院校，让自己成为有文化、有本领、有担当的全面发展的人。有了千千万万个有文化、有本领、有担当的高素质的人，我们国家才有希望，才能真正成为现代化强国。为此我们在学校文化研究丛书《匠心独运 甲子生辉——无锡职业技术学院文化育人研究与实践》的基础上，组织原班人马重新编著了学生版的学校文化读本《匠心逐梦》，作为学校文化育人的校本教材。

　　《匠心逐梦》一书由朱爱胜负责全书的整体设计，具体编撰分工如下：第一章，孙杰；第二章，朱苏；第三章，程继明；第四、七章，承剑芬；第五、六章，魏艳；第八章，徐悦，最后由承剑芬统稿。感谢校宣传部、档案室、图书馆、教务处、体育部、团委、国际交流学院以及各院系各部门给予的大力支持和提供的相关资料，书中还引用了校史馆、新闻报道中的相关资料，在此一并致以诚挚的谢意。

无锡职业技术学院文化读本编撰组

2020 年 3 月

图书在版编目（CIP）数据

匠心逐梦/朱爱胜等编著.－－北京：高等教育出版社，2020.10（2021.8 重印）

ISBN 978-7-04-054862-4

Ⅰ.①匠… Ⅱ.①朱… Ⅲ.①高等职业教育－办学经验－研究－无锡 Ⅳ.①G719.2

中国版本图书馆CIP数据核字（2020）第144430号

JIANGXIN ZHUMENG

策划编辑　蒙红莉		购书热线　010-58581118		
责任编辑　蒙红莉		咨询电话　400-810-0598		
书籍设计　姜　磊		网　　址　http://www.hep.edu.cn		
责任校对　刁丽丽		http://www.hep.com.cn		
责任印制　赵义民		网上订购　http://www.hepmall.com.cn		
出版发行　高等教育出版社		http://www.hepmall.com		
社　　址　北京市西城区德外大街4号		http://www.hepmall.cn		
邮政编码　100120		版　　次　2020年10月第1版		
印　　刷　北京中科印刷有限公司		印　　次　2021年8月第3次印刷		
开　　本　787mm×1092mm　1/16		定　　价　40.00元		
印　　张　10.75		本书如有缺页、倒页、脱页等质量问题，		
字　　数　200千字		请到所购图书销售部门联系调换		
		版权所有　侵权必究		
		物料号　54862-00		